古典籍の世界を旅する

お宝発掘の目利きの力

八木正自
YAGI MASAJI

HEIBONSHA

古典籍の世界を旅する●目次

はじめに

今や欲しいものがあれば、家にいながらにして世界中の品物が手に入るインターネットの時代である。本の場合でいえば、アマゾンやヤフオク!、あるいは「日本の古本屋」などで、新刊書から古書にいたるまでかなりの部分がネットの中にある。しかし、全体の一〇パーセントほどであろうか、文字通りネットからすり抜けているものがある。古典籍や歴史資料、いわば写本の世界の本である。

初めに、いわゆる古本、古書、古典籍の大まかな違いを説明しておきたい。

古本とは、新刊書が時を経て、人手を経由し、古本屋などから売りに出ているもの。多くは定価以下の売価となっている。

古書とは、絶版本となったが、内容的に優れ、それを必要としている研究者、あるいはコレクターがいて、定価より高いプレミアムのついたもの。

それに対し、古典籍とは、明治時代以前の本で、活字本、木版本も多くあるが、日本の場合、江戸時代以前の本は、その五〇パーセント以上が筆写本の形で伝わっている。しかし、古いから価値があるかというと、そうではない。文学的価値、歴史的価値のある古典籍は、これらの中の三〇パーセントに満たないだろう。

したがって、江戸時代の本であっても、一〇〇〇円以下で売られているものもあり、価値あるものは、数万、数十万円、さらには数百万、数千万円するものもある。本当の意味での古典籍は、このような部分の本である。海外では、古本をセカンドハンドブック、古書をオールドブック、古典籍をレアーブックという分け方をしている。

公立図書館や大学図書館、美術館、博物館、歴史資料館などは、膨大な数の図書を収蔵しているが、これらは、新刊書、古本、古書などが中心である。一方で歴史的価値のある古典籍を蔵し、研究や展覧会を開いたりする際に活用する施設も数多くある。

例えば国立国会図書館、国立博物館（東京、京都、奈良、九州）、国立歴史民俗博物館、国文学研究資料館などが筆頭だが、東洋文庫ミュージアム、静嘉堂《せいかどう》文庫美術館といった公益財団法人、尊経閣《そんけいかく》文庫（加賀藩主前田家の文庫）、天理図書館、五島《ごとう》美術館の大東急記念文庫などは国宝、重要文化財を多く所蔵し、日本の文化遺産保護に大きく寄与している。室町時代、江戸時代、明治、大正、昭和を通じて、教養、鑑識眼のある権力者、富裕層あるいは研究者は、私財を投じて優れた古典籍、歴史資料を蒐集してきた。それらの多くがこれらの機関に継承されているのである。

足利義政や徳川家康といった、ときの為政者や前田綱紀《つなのり》（加賀藩五代藩主）の他、岩崎久彌《いわさきひさや》、岩崎彌之助《やのすけ》・小彌太《こやた》、益田孝《ますだたかし》、安田善次郎、久原房之助《くはらふさのすけ》、五島慶太らの実業家、中山正善《なかやましょうぜん》（天理教二代真柱《しんばしら》）らがトップクラスの蒐集家として知られるが、それらの蔵書が公共機関に残り、日本の文化財は守られ、私たちは恩恵を受けている。

さて、公共機関は古典籍をどのように入手するのであろうか。研究者やコレクターからの寄贈も多くの部分を占めているが、ある具体的な古典籍、歴史資料が必要だったり、もしくはある分野の古典籍を収集したい、ということになると、購入しなければならない。そこで有効な選択の場となるのが、普段からある程度の古典籍の在庫を持っている古書店、古美術店が発行する在庫販売目録や展示即売会である。

かつてに比べると、重要文化財の流通はだいぶ少なくなっているとはいえ、今でも貴重な古典籍、歴史資料はまだ流通している。鑑賞や資産の対象としての美術品の流通は新聞やニュースなどでも見聞するが、地味な文化財の収集が個人のコレクターによりなされていることは、ほとんど耳にすることがない。文化財の場合、教養、知識、鑑識眼などが必要とされるので、現代の多忙な会社経営者には難しい面もあるが、ノブレス・オブリージュ（地位の高い者の義務）として市場に浮遊している日本の文化遺産を後世に残す社会的責任を感じてほしいものである。

流転を繰り返した古典籍、歴史資料は市場に出てくる。日本の美術品は美術倶楽部（東京・京都・大阪）の市場に出る場合もあるが、古典籍、歴史資料の多くは、全国古書籍商組合連合会加盟店を通じて東京古書組合の業者市に出品される。出品された書籍は入札形式のオークションに付される。このような業務の中で、明治から大正、戦前、戦後を通じて、数多くの貴重書、貴重史料が名家から奔流した時代に、弘文荘反町茂雄《こうぶんそうそりまちしげお》さんらの古書業者が適切に仕入れをして、各機関、コレクターに納入し、これらを再配分した。

現代でも、貴重書はこのような市場に出品されることはあり、私も一介の古書業者としてこの世界に四八年行動し、多少なりとも貴重書、貴重史料を扱う体験はしてきた。私は古書業者でありながら店舗は持たない。日常は事務所にいてたまに訪ねてくるお客には対応する。週に二回、火曜日に和本が主に出品される東京古典会、同日洋古書を扱っている東京洋書会に、金曜日には江戸期のものや明治ものあるいは資料など幅広い分野を受け入れている明治古典会に終日出向いて、入札に付された出品物を丹念に見て仕入れに励む。あるいは出品をして他の業者に落札してもらい売り上げを得ることもある。

在庫品や新入荷品の価値を調べ、毎年正月に松屋銀座で催される「銀座　古書の市」や、二年に一度三月ころに開催される「国際稀覯《きこう》本フェア　日本の古書　世界の古書」（ＡＢＡＪ〈日本古書籍商協会〉主催）に出品する。これらは事前に出品目録が発行され、目録でも会場でも注文を受ける。その他、七月に開かれる明治古典会の「七夕古書大入札会」や、一一月に行われる東京古典会の「古典籍展観大入札会」に出品をしたり、食指が動くものがあれば仕入れもする。また、安土堂《あづちどう》書店の販売目録も不定期に発行するが、近年は忙しさのために作ってはいない。

いろいろな業者市での貴重な体験は多いが、その一端を披露することで、古典籍流通の現場の臨場感を伝えることができたら本望である。

私は古書愛好家や研究者あるいは古書業者向けの月刊雑誌『日本古書通信』に、"Bibliotheca Japonica"という欄で二三年間連載を続けてきた。主題は、明治以前の来日外国人がどのように日本及び日本人を観察してきたかで、その見聞記などを解題してきた。その他、日本と海外との関係史料や歴史資料の発掘・発見も記録してきた。

本書は、それらの原稿のうちから選んで改訂・加筆したものが約六割で、その他は新たに書き起こしたものである。

第一章では、私の生い立ちから、古書業者として影響を受けた恩人との出会いや出来事を記した。第二章では、海外での経験や貴重史料の発見を取り上げた。欧米には、江戸時代から明治時代にかけて来日した外国人が日本から持ち出した本や絵画、浮世絵版画、歴史資料がかなり多く残っている。それらを逆輸入した体験談を述べた。第三章では、東京神田の古書業者市で見つけた、それぞれの分野では最古の史料の獲得体験談を取り上げ、解題を付した。第四章では、稀少写本や江戸時代学者の自筆本、歴史資料や坂本龍馬の手紙を入手した経緯を記録し、解説を施した。第五章では、江戸時代に日本に来た外国人の残したユニークな歴史資料について、それを得た体験や史料について詳述した。第六章では、日本古典籍の世界的な地位や価値について記し、現代までの古典籍の蒐集家を列挙し、今後も日本古典籍を理解し愛好する人が多く出現することを望むことを述べた。

なお、本書掲載の古典籍の写真は、いずれも私が入手した際に撮影したものである。

第一章　古典籍の世界へ

理工科系大学から古書業界へ

私は、東京の下目黒、大鳥神社と目黒不動尊の間近くで生まれ育ち、地元の小中学校、高校に通うごく普通の青年であった。大学は何となく理工科系を選んだ。高校時代はバスケットボール部に所属していたが、広いグラウンドで走り回りたいと思い、大学ではラグビー部に入部し、青春を謳歌していた。しかし、大学三年になるころから就職先を考えるようになり、果たして自分は工業系に向いているのか、と自問していた。

私の父、八木佐吉は大正五年に日本橋の丸善に入社して以来、洋書・出版・古書部門に身を置き、私が大学を卒業するころには、丸善の内部組織である「本の図書館」の館長をしていた。ここは、書誌関係や書籍を調べるときの本を収蔵、公開している図書館で、父はその問い合わせにも応じていた。

そんなことで、家の中は本だらけ。小さいときから数多くの本の背中を見ていたし、古書独特の臭いも嫌いではなかった。

父の元に古書店からの目録や展示即売会の目録が届いていたので、何となく見てはいた。その中の一つに東京古書会館で毎週末に行われる展示即売会目録があった。私は当時、京都大学の吉田光邦先生の著『江戸の科学者たち』を読んでいた。これは、辞書・天文・医学・地理・物理・化学などの西洋科学を翻訳して日本人に紹介したり教育したりしていた蘭学者たちの物語であった。非常に平易な解説で、新しい学問を移入しようという意気込みが読者に伝わる、魅力的な内容であったので、のめり込んでいった。

文化２年刊『医範提綱』標題

　この本では、杉田玄白らの『解体新書』が当然紹介されていたが、宇田川《うだがわ》玄真《げんしん》の『医範提綱《いはんていこう》』も取り上げられていた。その図版として亜欧堂田善《あおうどうでんぜん》の『医範提綱内象《ないしょう》銅版図』が付けられており、『解体新書』の木版図に対して、我が国初の銅版解剖図としてより詳細に図示されていることがわかった。

展示即売会目録の中に、その『医範提綱』全三巻が「三五〇〇〇円」で出ていた。文化二年（一八〇五）刊で、『江戸の科学者たち』に取り上げられている著名本が、わずか三五〇〇〇円で買えるのか。当時の物価から考えても安い。そんな江戸の名著が学生でも買えるのか。すぐに神田に飛んでいったが、やはり良いもので安かったのか、売れてしまっていた。しかし、そのような本ならば、神保町の和本屋さんの大屋書房にあるかもしれないよ、と会場で教えられてすぐに訪ねたところ、本当にあった。その本が同じような値段であったのだ。

これが、私の古典籍初購入であった。江戸時代の手漉《てす》き紙に大振りな文字が木版刷りされた糸綴じの本である。この時点で古典籍の魅力にすっかり取り込まれてしまった。この『医範提綱』を現代語訳にしてみよう、と試みたこともあった。

話が前後するが、社会人となってから二年目、正月に開催されていた弘文荘三越展に行き、熟慮の末に江戸時代の銅採掘・精錬を図示した『鼓銅図録』を三万二〇〇〇円で購入した。当時の月給と同額くらいであったが、一流の古書展で一流の古書を得た満足感は一入《ひとしお》であった。また、司馬江漢《しばこうかん》、亜欧堂田善の銅版図にも興味があったので、初のボーナスで神田の文房堂で銅版印刷機を買い、司馬江漢の『地球全図』を描く模刻したこともあった。

そのような志向があったので、大学卒業後の進路を急転回した。古書の世界に就職しようと思ったものの、経営工学科での卒業論文をどうすればよいか。ふと、経営工学の初期の論文や文献が、アメリカのテーラーの『科学的管理法』（一九一一年刊）から始まることに気付いた。そのころの文献情報を網羅的に集め、書誌データとして調べやすくするために、著者別、タイトル別、テーマ別、刊年別、本・雑誌別などの分類を施し、コンピューターで検索するシステムを作ろうと思った。

昭和四五年（一九七〇）当時のコンピューターは、まだパソコンではなく、大学に大きなコンピューターが一台あるだけである。各学科共通で使用するため、予約を入れて順番待ちをしなければならない。使用言語もコボル、フォートランで、ロールの紙テープに穴を空けた記録紙でコンピューターと交信するという手間のかかるものであった。ゼミの先生も、そのような文献検索という工学とも何ともわからないシステム開発をよくやらせてくれたと思っている。同じゼミでは、三、四人が工場に行き、グループで計測とか作業改良をした論文を作るのが普通だったので、先輩一人を付けてくれたものの、実質、単独の研究となった。どうやらこうやら研究は完成し、教授連を前にした卒論諮問では、このような研究は他に例がないので質問もなく、無事に卒業できた。

しかし、今にして思うと、コンピューターによる文献検索システムは、今の検索システムと同じで、密かにグーグルの先駆ではなかったかと自負している。

就職について父親に相談したら、その当時、古書の世界では最も躍進的に活動していた新田満夫社長率いる四谷の雄松堂書店を紹介してくれたので、そこに入社した。もちろん入社試験を経てのことである。

入社早々、在庫の書籍をコンピューター分類・管理しては、と提案したが、キョトンとした顔をされ、そのままになってしまった。今では当たり前のことなのだが。

丸善一筋の父八木佐吉

前項に記したように、私は家中が本だらけという特殊な環境で育った。母屋の本棚だけでは足りずに建てられた庭の片隅の書庫が、まさか自分の部屋になるとは思わなかった。父の蔵書は広い意味での人文科学や社会科学で、歴史、書誌、文化、思想、美術、科学、辞書、百科事典など幅広かった。これらの本は、特に一冊をじっくり読み込むというのではなく、必要に応じてページをめくるという読み方をしていた。私はそういう環境にあったので、知らず知らずのうちに、父に影響を受け、本への関心を深めていたと思われる。

父は明治三六年（一九〇三）に東京の京橋で生まれた。麴町尋常小学校を卒業すると、勉学を続けられる丸善夜学会のある丸善に一三歳で入社し、見習生になった。すぐに洋書ストック係に配属されるとともに、東京帝国大学の学生が先生として授業を行う夜学会では、英・独・仏語を学んだ。三年間で修学すると手代《てだい》となり、それまで着られなかった羽織と足袋が支給された。

まだ右も左もわからない入社の翌年、分厚い目録を手に古書係を訪ねてきた若き学者があった。その名は石田幹之助《みきのすけ》。彼が持ち込んだのはモリソン・コレクションの目録で、これが東洋文庫大コレクション形成の発端であった。

父はそのときお茶を出しただけで、丸善では栗本癸未《くりもときみ》が対応し、後に見積書を作成した。栗本は、明治三〇年に一四歳で入社して、昭和一二年に亡くなるまで洋書一筋で、伝説的な丸善の西洋古書通として知られた。明治三四年の入社後すぐに『學鐙』編集に携わった内田魯庵《うちだろあん》の洋書の知恵袋は栗本であったと言われている。

東洋文庫の開館は大正一三年。岩崎久彌率いる三菱が購入したコレクションを中核としてさらなる収集が進められた。丸善を経由して、『ドチリナ・キリシタン』（一五九二年、天草刊、現・重要文化財）、『聖教精華』（一六一〇年、長崎刊）のきりしたん版二点や、ジョン・セーリス自筆『日本渡航記』（現・重文）などが加わり、さらに和田維四郎《つなしろう》コレクションの秀逸な和漢古典籍も併せて開設された。

手代となった父は、西洋古書の神様ともいえる栗本から、『ペリー提督日本遠征記』一冊を買えと言われ、一円八〇銭（当時の月給一二円）でその本を手にした。これが、古書蒐集に病みつきとなるきっかけであったと後に述懐している。

父が丸善の業務の中で携わった大きな出来事がある。その一つ目は、入社して一六年経った二九歳のとき、昭和七年一一月に「天正使節渡欧三百五十年記念 珍籍展覧会」を催したことである。まだはっきりした古書部がない時代で、社内から古書の知識がある人間が集められて、その目録が作成された。父は先輩や同僚とともに一心不乱で解題、編集作業に取り組み、印刷所への出張校正や製本所を往復し、展覧会当日の朝に目録の製本ができ上がったと記録にある。

この展覧会は、ちょうど天正少年使節渡欧から三五〇年に当たるので、関連の稀覯書や古地図二〇〇余点を急遽集めて開催したもので、各新聞紙上に大きく取り上げられるという大反響を得て、営業的にも好成績を収めた。前年の昭和六年に父が、イタリア、ローマのオットー・ランゲ書店の謄写版刷り古書目録中に、きりしたん版『ぎや・ど・ぺかどる』上巻（一五九九年刊、現・重文）を見出し、すぐに電報で発注すると首尾よく送られてきたが、当時はシベリア鉄道経由の送本で、梱包も荒縄縛りの粗雑な形態だったという。この目録の表紙は『ぎや・ど・ぺかどる』の飾り枠を使ったもので、題字は新村出《しんむらいずる》筆による。このきりしたん版は社宝として収蔵されたが、翌年に当時の文部省から重要美術品の指定を受けた。

二つ目は、昭和二七年に「丸善新館落成記念」と銘打ち、「新回収『きりしたん版』を中心とした日本及び東亜関係古文献展覧会」を開催したことである。昭和二四年のニューヨーク、クラウス書店古書目録に、きりしたん版『精神修養の提要』（一五九六年刊）が掲載されていたのを一年後に気付き発注して、これも首尾よく入手することができた。このときも他に集めた「シーボルト自筆書簡集」、シーボルト著『日本』、出島版ポンペ著『薬学提要』などを展示し、もちろん目録も作った。

昭和二九年のことだが、上野図書館で旧幕府所蔵の蘭書約四〇〇〇冊が発見され、緒方富雄を会長とした「蘭学資料研究会」が発足した。その年の一二月に丸善が場所と目録作成を提供して「洋學ことはじめ展」が開かれた。そのとき、感謝の気持ちとして会員の署名をした目録が父に手渡された。緒方会長、大鳥蘭三郎、岡村千《ち》曳《ひき》、大久保利謙《としあき》、鮎沢信太郎、岩生《いわお》成一、沼田次郎、朝倉治彦、内山孝一ら錚々《そうそう》たるメンバーの署名がそこにあった。

三つ目は、父が丸善を通じて知り合えた、顧客という枠を超えた知己を得たことであろう。東洋文庫の件以来の東京帝国大学東洋史学科出身の石田幹之助、丸善などでの洋古書収集が『内田嘉吉《かきち》文庫稀覯書集覧』目録となった台湾総督府民政長官の内田嘉吉、マカオ版サンデ編『遺欧使節対話録』（一五九〇年刊）をオランダ留学中に回収し、昭和七年の展覧会に多くの助言をくれた慶應義塾大学の歴史学者幸田《こうだ》成友《しげとも》、水戸の徳川昭武の息子で海軍技術者であった徳川武定、朝日新聞社社主の上野精一、日本経済新聞社記者を経て社長となった小汀利得《おばまとしえ》、古地図収集家であった渡辺紳一郎等々の朋友である。

中山正善真柱（左）と八木佐吉。昭和41年、丸善展覧会場にて

　さらに最大の顧客であり、終生の知己となる天理図書館創設者の中山正善天理教二代真柱が挙げられる。昭和五年の新図書館開館以来一貫して内外の図書、布教関係書、貴重書の蒐集を行った。その蔵書の質においては我が国最高を誇る。丸善からは、父が大阪支店次長であった昭和二五年に、社宝の『ぎや・ど・ぺか

どる』を納入した。また『精神修養の提要』を求めた他に、東京帝国大学宗教史学科の姉崎正治門下で真柱と同窓であった、東京都公文書館にいた財部《たからべ》健次の中央アジア・インド文献コレクションなどの購入を斡旋した。財部は父に中山真柱を紹介してくれた人である。真柱は東京に来ると、染井にある東京教務支庁あるいは麴町のお屋敷に滞在し、同所か料亭かに東京の古書店主たちを呼んで面談することがしばしばあったという。教務から離れ、気の置けない人たちとの歓談を楽しんでいたのだろう。神田にある古書店の八木書店と区別するため、父を「まるやぎ」、八木書店の八木敏夫を「かんやぎ」と通称していた。ときに熱海に滞在しているからすぐ来いと言われて、列車だかタクシーかで駆けつけたこともあった。

父は、洋書部古書係を経て、昭和初年に審査課目録係、戦中戦後の洋書輸入途絶期には出版企画部長、昭和二五年から『學鐙』復刊準備で広告課に移り、昭和二七年に洋書に戻って管理部長、その後、和書部長を経て人事部長となり、昭和四〇年からは最後の役職となった二代目「丸善本の図書館」館長に就任した。ここでの一八年間は、本の奉仕者としての楽園であり、八〇歳まで丸善に関わることができた幸福な日々であった。

「丸善本の図書館」を訪ねてくる人には分け隔てなく接したといわれる父は、また新しい知己を得たであろう。さらに、昭和四七年から専門図書館協議会の「ライブラリアン・クラブ」の仲間と知り合えたことも、お互いに共通の知識を交流するという悦楽があったのではないか。例会は「丸善本の図書館」で行うこともあった。『図書館と本の周辺』という会報を出版し、そこには読み応えのある本にまつわる論文が収載されている。父の死に際しては、第一〇号会報で「八木佐吉氏追悼号」を出していただいた。

また丸善内から、父の話を聞きたいという若手のグループが結成された。無理強いを嫌う父にとって目を細めるほどの喜びであったことは想像に難くない。昭和五五年から父が没するまで一八回の例会を行った。「丸善本の会」という名称で、会員は父を含めて一二人。会報『理文路』を二号出している。

最後に父の著作について。昭和四年以来、「安土堂」のペンネームで『學鐙』に寄稿してきたが、その他にも社内誌や『洋書輸入協会会報』、『図書新聞』、『日本古書通信』などへの執筆を行っている。単行本では、『書物往来』、『書物語辞典』、『洋書の周辺』、『明治の銅版本』、『ケルムスコット・プレス』があり、編集には『内田魯庵書物関係著作集』がある。

亡くなる二年前に東京作家クラブより「文化人間賞」が授与された。そのときクラブの恒例であったので、愛用のペンを大山阿夫利《おおやまあふり》神社に奉納した。

昭和五八年一二月、病床で『學鐙』表紙図版『環海異聞』の解説を書き終えて数日後に永眠した。座右の銘「生涯勉強」の地のままに、丸善学校を六七回生でやっと卒業した。幸せな人生であったと思う。

独立、弘文荘反町茂雄さんとの出会い

洋古書の雄松堂書店に五年勤務して私は独立した。当時の雄松堂は洋古書業界では飛ぶ鳥を落とすくらいの勢いがあり、文部省から大学の資料購入に当たって助成金が支出されたので、助成金制度の金額がどんどん膨らみ、セット物や大型コレクションの売り上げが年々拡大していった。その売り上げの資金は、シェイクスピ

ア・フォリオやケルムスコット・チョーサーなどの文学物、あるいはアダム・スミスの『国富論』などの社会科学、ニュートンの『プリンキピア』、コペルニクスの『天体の回転について』、ヴェザリウス『人体構造論』などの医・科学の古典といった稀覯洋古書仕入れに向けて投入された。それらの名著をかなり輸入して古書展や古書販売目録で売っていた。二〇代の若造の目の前を人類の宝物がどんどん通り過ぎていく。カメラで画像を残したり、じっくり調べて吟味する暇もなく通過していく。それでいいのか、そんな素朴な疑問が生まれた。また博物館や美術館での名品展覧会をもっとじっくりと見てみたい、そんな時間がほしかった。

入社したときは、ずっとこの会社で仕事を続けるのかな、と思っていたが、そんな青臭い理由で会社を辞めてしまった。当時はまだ二七歳で、一歳の乳飲み子を持つ親として何の保証もあるわけでなく、よく独立したものだと思う。無謀というか若気の至りなのか。父も止めるふうでもなく、むしろ同じ道を歩んでいるので、薄笑いを浮かべてただ見守っているだけだった。

独立当初は事務所を世田谷区深沢の自宅に置き、古書販売目録を作るべく準備をしていた。古物商の免許を取り、東京都古書籍商業協同組合にも加盟したので、南部支部の市や神田小川町の東京古書会館の市にも顔を出していた。その年、昭和五一年の秋、古書業界の重鎮、弘文荘の反町茂雄さんから声をかけていただいた。

反町茂雄（一九〇一～九一）は新潟県長岡生まれ。反町家は代々米穀問屋で父茂平のとき米穀の先物取引で成功し、日本橋蠣殻町《かきがらちょう》に出店したのに伴い上京。仙台の第二高等学校を経て東京帝大法学部を卒業。生来の読書好きで出版を志し、岩波書店の岩波茂雄に入社を打診したところ、息が長く残る本を解るには古本屋修業をするといいとアドバイスされ、昭和二年、神田の一誠堂書店に入店。学士が前垂れをして古本屋の小僧に、とのことが評判になり、東大新聞にも掲載された。住み込みで朝から晩まで懸命に働き、外売や目録販売で手腕を発揮して店の業績を上げ、すぐに番頭格になったが、昭和七年に独立。弘文荘を文京区西片町に開業した。店は持たずに目録販売に特化し、当初は出版も並行して行ったが、そのうち古典籍の魅力の方が勝り、専業とした。幕末の珍書屋達磨屋五一《だるまやごいち》に倣って、その号待賈堂《たいかどう》から取った販売目録『弘文荘待賈古書目』を五〇号まで発行した。その後にも『弘文荘敬愛書図録』などを刊行。戦前戦後の混乱期、名家や旧華族から奔流した貴重古典籍を正しく評価して受け止め、文化財の再配置、保護に尽力した。太平洋戦争末期に都立日比谷図書館館長の中田邦造とともに、個人蔵の貴重蔵書を疎開させた功績も大である。

誰もが苦しいときに貴重書や古文書を買い入れ続けられたのは、兄弟親戚に実業家が多くいて、在庫の一部を購入してくれたことも救いとなった。長兄茂作は、大東京火災海上保険につながる東京動産火災保険の創業者のひとり。実弟十郎も実業家で、尊氏、信長、秀吉、家康などの古文書一四〇点余りを蒐集し、母校慶應義塾大学に寄贈して「反町十郎古文書コレクション」となっている。

顧客には、安田銀行頭取二代安田善次郎、ザ・タイムズ特派員のフランク・ホーレー、日本経済新聞社社長の小汀利得、朝日新聞社社主の上野精一、国文学者の横山重《しげる》、大阪青山大学理事長塩川利員《としかず》など、そして戦前戦後を通じて第一の華客であった天理教の中山正善二代真柱と枚挙にいとまがない。

多くの善本、稀書を扱い、手元を離れてから重要文化財、国宝となったものも多い。そのひとつ、『土左日記』（土佐日記）は藤原為家《ふじわらのためいえ》（冷泉《れいぜい》家の祖定家の息）が、紀貫之の原本を脇に置いてそのままに書写したことから、平安文学の原本の形を今に見ることができる唯一のもので国宝に指定されている。昭和五九年の『弘文荘敬愛書図録Ⅱ』に収載されたとき、朝日新聞に報じられ、国文学史上、戦後最大の発見とされた。

そんな反町さんから、「私は反町ですが、あなたはこの古書業界でずっとやる気持ちはありますか？」と言われた。突然の言葉に戸惑ったものの、続ける意思はあったので、「はい！」と答えた。「そうですか、そんなに甘いものではありませんが……。どうですか、私のところで少し仕事を手伝いながら、一緒に勉強しませんか」。頭の中でいろいろな思いがぐるぐると回り、「何で自分に声をかけてくれたのだろう？」と思いながらも、即座に「お願いします！」と言ってしまった。「では、週に二回くらい、三、四時間ですが、来てください」と、あっという間に決まってしまった。父と反町さんは旧知の仲で、天理図書館の貴重本蒐集に意を尽くしていた天理教中山正善二代真柱を介しての仲間でもあった。そんな関係で私に目を向けてくれたのかと思う。

当時七五歳の反町さんは、『弘文荘待賈古書目』の最終版五〇号（B4判、ハードカバー）を編集中で、私のやることといえば、神保町にある戸根木印刷とのやり取り、銅版図版を届けたり、校正刷りを取りに行ったりと、そんな仕事だった。しかし、年末に『古書目』ができ上がり、発送も済んだころ、反町さんは顧客に指摘されたのか、ミスを発見し、訂正文を発送することも考えられたのに、すべてを刷り直すことにした。そして、新たにでき上がった訂正版『古書目』を発送して、その代わり前に送ったものを返送してもらう手段を取った。印刷・発送費用は二倍かかるが、そんなことは問題でなかったのであろう。自分の最後の目録に誤りの箇所があっては後世に汚点を残す、と考えたものと思われる。昭和八年以来の『弘文荘待賈古書目』は、それほど編集に細心の注意を払っていた。

実際、しばらく経って『古書目』第一～五〇号は、全部揃って二〇〇万円という値がついたこともあった。内容的に貴重で、解題もしっかりしており、しかも、古書価格がついている。書誌としての重要性が世間に認められた証左であった。他にこのような例はない。

しかし、刷り直しとなったことから、私の父は心配して反町さんに、「息子が何かへまをしたのでは？」と聞いたようだ。もちろんそのようなことではなかったので、私も実はほっとしたのであった。

『古書目』は正月の恒例行事、日本橋三越の古書展示即売会の目録でもあったので、反町さんは大忙しであった。

この恒例行事が済むと、反町さん主宰の若い古書業者の勉強会である「文車《ふぐるま》の会」があったので私も入会した。分科会が四つほどあったが、私は「古文書を読む会」と「日本史勉強会」に所属した。月に一〜二回行われ、常時五〜六人は集まった。会場は反町さんの自宅である。「古文書を読む会」は、古文書の原文コピーを数行ずつ輪読していくが、古い時代の草書は予習していっても読めないところが多く、毎回冷や汗をかきながら進んでいった。読みに詰まると、反町さんは少々声を高ぶらせながらも助け舟を出してくれたが、その圧迫感は並みではなかった。奥さんが頃合いを見て、お茶とお菓子を出してくれるので、ほっとした思い出が残っている。

　そのころ、反町さんは日本の古典籍を一通り見渡したので、洋古書名著、西洋名家書簡にも目を向け、また、海外の主な図書館を訪ねて、そこにある日本古典籍を見て回ることを思いついた。私は日本関係の洋古書も扱っていたので、反町さんご夫妻が欧米に行くときは毎回同行させていただき、拙いながら通訳も担当した。

　私の最初の海外行は、まだ成田空港がない時代の昭和五二年で、当時は東京の国際空港は羽田空港のみであった。以前に反町さんが娘さんの撮影した写真で作成した、ニューヨーク・パブリック・ライブラリー所蔵スペンサー・コレクション中の日本古典籍の写真入り目録（モノクロ版）を増訂してカラー版にするための取材旅行である。私が工学部出身なので、カメラに強いと反町さんは勝手に思ったらしく、私が貴重本の撮影を担当することになってしまった。当時はもちろんフィルムの時代で、重い複写スタンドやライト機器を新調のジュラルミンケースに入れて旅行した。サンフランシスコに降りたときは、初めてアメリカの地を見て、看板の巨大さに驚いた思い出がある。当地の古書店を訪ね、わずかながら仕入れも行った。

次はいよいよニューヨークだ。スペンサー・コレクションは、タイタニック号で命を落としたスペンサー氏の遺産贈与で基金が設けられ、世界各地の美しい絵入り本を集めた文庫である。司書が買い入れた日本の古典籍、奈良絵巻（絵本）や歌麿の絵本などが所蔵されている。所蔵数が多く、撮影に三日ほどかかったが、現地で毎日フィルムを現像に出し、本当に写っているかを確かめながら行った。ニューヨークでは、モルガン・ライブラリーなども見学した。かくして反町さんの自費出版寄贈本『スペンサーコレクション蔵日本繪入本及繪本目録』はでき上がった。

その目録を見た、アイルランド、ダブリンのチェスター・ビーティー図書館で日本書部門の顧問であった潮田淑子さんは、ビーティー卿が集めた東洋美術品の中の日本古典籍・絵巻類の目録を作ってほしい旨を、反町さんに連絡した。ちょうど国際奈良絵本学会の結成時期に当たりダブリンで大会が開かれ、続いて東京でも会議が行われる由という。それに合わせるように、翌年ダブリンへと飛んだ。もう少し良い写真が撮れるようにと、弘文荘出入りの写真版製版会社の人のコーチを受けて、中古のブローニーサイズ（六×七センチフィルム）のマミヤカメラを買い、それで撮影した。今度は現像所も近くになく、未現像のフィルムを日本に持ち帰っての作業になったため、果たしてしっかりと写っているか、ひやひやしたものだ。これも『チェスター ビーティー ライブラリー蔵日本繪入本及繪本目録』として自費出版寄贈本となった。前回と同様に、ライブラリーから寄贈先への送料までの負担であった。

その他、反町さんは毎年のように海外へ日本の古典籍を見に行き、私も同道させてもらった。

大英図書館、ケンブリッジ大学図書館、オックスフォード大学図書館、パリのフランス国立図書館などを訪ね、それらの用事が済むと、パリではロワール河畔古城巡りからモン・サン・ミッシェルまで、スペインではリスボンからアルハンブラ宮殿までの移動など、レンタカーで回った。スペインでは夏の暑い時期で、車にクーラーがなく、今思い返せば長時間のドライブで熱中症になったこともあった。反町さんはどこでも寝られるので、後ろの座席でグーグーといびきをかいていたが、隣に座る奥さんは結構きつそうであった。

平成３年１月、第７回東京都文化賞受賞者。手前左から、鈴木俊一、白洲正子、反町茂雄、黒柳徹子、岡野俊一郎各氏

文車の会でも、日本各地や京都の東西南北中央の五度にわたる歴史旅行、あるいはヨーロッパ旅行をしたこともあった。

私にとって反町さんは、古典籍の見方、歴史知識、古文書解読、価値観など、古書業者にとっての基本的な事柄を教えてくださった師である。よく怒られたが、愛情のある怒り方だった。

晩年の一五年間をともに歩めて非常に幸せだったと思っている。平成三年に九〇歳で逝去された。八〇歳で亡くなった父より二歳上で、奇しくも誕生日が同じだった。二人はまさに生みの親と育ての親であった。

短大に博物館を作った塩川利員さんとの出会い

我が師、弘文荘の反町さんが平成三年に亡くなった後、反町さん晩年の第一の顧客であった大阪青山短期大学の理事長塩川利員さんは、反町さんの側にいた私を贔《ひい》屓《き》にしてくれた。

塩川家は多田源氏の流れを汲む血筋で、戦国期には鷹狩りに来た織田信長に従っていたこともあり、信長公に心酔していた。私の書店名が偶然にも安土堂書店であったこともいささか幸いしていたのかもしれない。名を呼ぶときも、「あづちさん、あづちさん」と言ってくれた。質問がきたりすると、少々荷が重かったが、期待を裏切らないように一生懸命調べて答えるようにしたものの、今思うと的確であったか、浅学の至りで恥ずかしい限りである。

東京古典会や明治古典会大入札会の注文品もその多くを承った。塩川さんは下見会場に姿を見せるといろいろな人と話をしなければならず、それが面倒なので目録を見て、かなりの数の品を電話口で滔々と私に告げた。通し番号は言わず、題名もしくは人物名を普通の会話のペースで言うので、私はとにかく仮名書きでその言葉の通りに紙に書きなぐった。聞き返すことはできない。一応、目録順には言われるので、メモを見ながら順番に該当する品を定めていった。好みがわかるにつれて、何とか的確なリストを作ることができるようになっていった。しかし、すべてが注文品ということではなく、気になる品なので見ておいてもらいたい、ということなのだ。

それらを目録段階で調べ、下見日初日にリストの全点を見て、真偽、内容、価格の見当などを目録に書き込み、夜に電話でそれらのことを報告した。塩川さんは勘がいい方だったので、こちらの言うことをすぐに理解し、自分の見解も入れて、最終的に注文か否かを即座に決めてくれた。リスト品のだいたい半分くらいが残った。入札日当日は、好みの強い品には報告した値段よりかなり高い値を入れ、それで落ちても、説明をするとすぐに受け入れてくれた。

そんなやり取りを一五年間三〇回分近くにわたり担当して、貴重な経験をさせていただいた。実際に買うか買わないかの真剣勝負で物を見る訓練を実地に行えたことは、何事にも代えられない知の財産となった。

塩川さんはまた、東京に出張に来ると、必ず連絡をくれた。いろいろな訪問先、皇居、宮家、名家、高名な先生の家などを私の車で回るのだが、ただの運転手としてではなく、必ずお供をさせてくれ、紹介もしてもらった。今でもそのような方々と交流があるのでありがたい。

塩川さんは、大阪青山短期大学開学の昭和四二年前後から、古典籍や古文書、古書画、御宸翰《ごしんかん》などの蒐集を開始した。反町さん、村口書房の村口さん、一誠堂書店さん、思文閣の田中さん、柳さんなどの古典籍商や古美術商から、あるいは旧華族や名家の方々から直接、間接に蒐集した。

戦後の混乱期に貴重史料が旧家などから流出し、それが市場で販売されるようになったのは、昭和二〇年代後半から三〇年代にかけてであった。そのころは、重要文化財級のものが古書販売目録などで普通に売られていた。それで塩川さんは、よく「もう一〇年早く反町さんと知り合っていれば……」と常々言っていた。

しかし、その嘆きは贅沢すぎることで、四〇年代からでも十分に貴重な文化史料を集めることはできた。

大阪青山短期大学創立二十周年の『所蔵展観目録』の「はじめに」で塩川さんは、

兵庫県川西市の大阪青山歴史文学博物館

「日本文化史の最高峰の御宸翰は、おおらかな裡にも神韻縹渺《しんいんひょうびょう》たるものがあり、重要文化財の土左日記・成尋《じょうじん》阿闍梨《あじゃり》母集《ははのしゅう》・明月記など平安末期から鎌倉初期の稀典籍に至っては感動の外何ものもない」と書いている。

　国宝一点、重要文化財一六点、重要美術品四一点など、古典籍、古文書、絵画、工芸品の一大コレクションとなり、安土城の天守を模した大阪青山歴史文学博物館が平成一一年に開館した。

　その建物は完全なる城郭建築で、お城の石垣は大阪城と同じ瀬戸内海の犬島から切り出した巨大な石を使用している。本瓦を使用し、最上階の朱塗りの欄干は色が合わないとのことから何度も塗り直したという。寺社建築で歴史のある金剛組も建築に携わった。

日本の私立大学で博物館と名のつく施設を持つことはあまり例がなく、しかも、これほど貴重な学術史料を多く保有するところは稀有である。欧米では大学附属博物館や美術館というものは当たり前のことだが、日本でもようやく事例が出始めている。とはいえ、東京大学ですら総合研究博物館が発足したのは平成八年のことである。早稲田大学にも坪内博士記念演劇博物館や會津八一《あいづやいち》記念博物館があるが、内容は専門的である。

大阪青山短期大学の史料購入については、もちろん学内の意見を尊重したが、持つべきか否かの最終的な決断は理事長である塩川さんが行った。その判断は非常に難しいものであったが、塩川さんは文学、歴史、文化、地理など広い分野に暁通されており、それらの知識を頭の中で組み合わせながら、一瞬のうちに答えを出してしまった。それは古典籍・古美術業者をも超える判断能力と速度だった。

昭和五九年の『弘文荘敬愛書図録Ⅱ』に、藤原為家筆『土左日記』が掲載された。塩川さんはそれを見て、かなりの重価（高額）だったので、一晩ほぼ寝ずに考えたそうで、塩川さんの母はその様子を見て、どうかしたのかと心配したらしい。朝日新聞夕刊のトップ記事に出たほどのもので、国文学史上、戦後最大の発見とされた。

平安期の文学書は、その原本が残っていない。紫式部の『源氏物語』も原本はその断片すら見つかっていない。書写された古写本は転写の転写で、本文がかなり変えられていることがしばしばである。古典文学研究者は、本文を比較検討して、原作は如何なるものであったかを探り、常に新たな古写本の出現を待望しているわけだ。紀貫之の『土佐日記』も原本はない。ところが、京都の蓮華王院（三十三間堂）が所蔵していたときに、藤原定家もその息子為家も原本を脇に置いて書き写したことが知られている。しかし、定家の場合は、意図的に表現を変えたり、仮名遣いも改めていたが、為家本の場合は、奥書に「紀氏正本書写之一字不違」と記してあることから、原本に忠実に書写したと確定された。古典文学でこのように原作を忠実に伝来している事例は、他にはない。

塩川さんは目録を見ながら一晩考えて決断した。朝になるとすぐに弘文荘に電話して、「土左日記をいただきましょう」と告げた。反町さんは軽く「ああ、そうですか……」と言っただけだったとか。普通の古書店主だったら、かなりの高額な貴重書なので、注文がくれば、それはそれは丁寧に対応するところだが、お互いにやり取りの呼吸が合っていたのだろう。その名品は、その後重要文化財となり、平成一一年の博物館開館のときは国宝に昇格した。当時の重価は、今ではその五〜七倍にはなっているだろう。

塩川さんは名所旧跡を訪ねることが好きだった。よく私も貴人の墓所参りのお供をしたが、「お参りをすると不思議にその人のものが手に入る」と言っていた。偉人に対する崇敬の念の厚い方だった。

また、塩川さんについては驚嘆することがあった。非常に優れた記憶力のある方で、歴史上の人名は言うに及ばず、会う人ほとんどすべての名前を記憶し、しかも、人脈、系譜も理解していた。まさにスーパーコンピューター並みの頭の持ち主だった。大正一四年に教育家の家に生まれ、大阪青山短期大学、大阪青山大学を開学された。平成一九年没。

第二章　海外は日本古典籍の宝庫

弘文荘反町さん、海外にある日本古典籍の目録を作る

反町茂雄さんが編集した『チェスター ビーティー ライブラリー蔵日本繪入本及繪本目録』が出版されてから約四〇年が経つ。これは前述のように、一九七九年八月に東京・京都で行われた奈良絵本国際研究会議に間に合うように刊行され、内外の研究者に供された。これにより、同館に長く埋もれていた絵巻物類、奈良絵本類などが世界に披露され、斯界の研究進歩に大きく貢献したことは特筆されるべきことだ。長く同館日本書部門で整理、研究、閲覧の仕事を担当されてきた潮田淑子さんが、前年の一九七八年に刊行された反町編『スペンサー コレクション蔵日本繪入本及繪本目録』増訂改版（ニューヨーク・パブリック・ライブラリー）を見て、即座に同じような目録編集を反町さんにお願いしたのだった。反町さんは熟考の結果、自費での出版を決断した。このときも私は同行し、写真撮影を担当した。

潮田さんの熱心な思いがなければ、それは実現しなかっただろう。その場面が含まれたエッセイが、平凡社から潮田淑子著『ダブリンで日本美術のお世話を――チ

エスター・ビーティー・ライブラリーと私の半世紀』として平成二六年八月に公刊されている。

ちょうど私も、同年六月一三日放送のNHKラジオ番組「明日へのことば」の中で、「古文書から伝わる人間再発見」と題した対談コーナーに出演し、反町さんとダブリンにある「チェスター・ビーティー・ライブラリー」を訪れたことを話した。そのときの模様はそれを活字化したNHKサービスセンター『ラジオ深夜便』九月号に収載されている。

反町さんは、この二つの図書館以外にも、海外にある日本古典籍に注目し、その存在と所蔵機関の周知に対して援助を惜しまなかった。

一九八〇年春に、当時の西ドイツ・ベルリン国立図書館の日本部門部長エファ・クラフト博士から反町

『チェスター ビーティー ライブラリー蔵日本繪入本及繪本目録』表紙

さん宛に手紙が届いた。同館所蔵の日本古典籍蔵書目録を作成中だが難解な点が多いので助力してほしい、という依頼だった。反町さんはその夏すぐにベルリンに飛んだ。このときも私は同行させてもらった。

同館の日本古典籍は五〇〇点ほどあり、大部分は江戸時代の写本、版本で、古い物では天正ころの写本である『源氏物語』五四帖がある。クラフト博士は、反町さんが一週間滞在する問中、昼を除いて毎日朝一〇時から夕方五時まで時間を惜しむように質問を続けた。また、同地の国立博物館も訪ね、『画本虫撰《えほんむしえらみ》』『潮干のつと』等の歌麿絵本、後花園《ごはなぞの》天皇宸筆・土佐広周《ひろちか》画古絵巻『天稚彦草子《あめわかひこのそうし》』上巻・孤本（世界中に一点しか存在しない）、本阿弥光悦《ほんあみこうえつ》筆伝俵屋宗達《たわらやそうたつ》下絵「色紙帖」などを見た。

翌年の三、四月に西ベルリンで日本古典籍の展覧会を開くという話を博士から聞くと、反町さんは、かねがね日本古典籍を世界の人々に知ってもらいたいという考えを持っていたので、「それはよいことだ、しかし、同館は古版本の分野が弱い。ドイツの人に日本古典籍の流れをわかってもらうためにも、また、グーテンベルクより古い時代に日本では書物の印刷が行われていた、ということを知ってもらうためにも、古版部門が少ないことは惜しい」と考え、販売価格にすれば相当高額となる古版本群を西ベルリンの国立図書館に寄贈した。反町茂雄著『日本の古典籍——その面白さその尊さ』（一九八四年刊）二六四ページを見れば、「総数五〇〇点の殆ど全部は江戸時代のもの。別に古版十数種がある。それらは神護景雲《じんごけいうん》四年の百萬《ひやくまん》塔陀羅尼《とうだらに》を筆頭に、春日版・東大寺版・東寺版・五山版・根来《ねごろ》版・古活字版・嵯峨《さが》本《ぼん》等、代表的なもの一通りが揃っているが、中に不完本もいくつか含まれている。これらは日本の古印刷文化の標本として、ある有志者が近年に寄贈したものである」とその事情が書かれている。匿名で寄贈し、しかも自著にも自分であることを述べない。何と奥ゆかしいことではないか。その後開催された西ベルリン及びボンの日本古典籍の展覧会は大成功であった。

反町さんはチェスター・ビーティー・ライブラリーの『目録』に、「私が、今日までの五〇年に余る経験によって、ハッキリと意得した書誌学的な事実は、日本の書物は、古写本は七世紀以来の、古版本は八世紀以来の、長い歴史を持ち、その学術的な、又美術的な価値は、世界的に見て、相当に高いランクに属するという事です。この事実は、残念な事には、日本の人々にとっても余り多く自覚されて居ないし、欧米の識者には、ごく僅かの例外を別にすれば、全く知られて居ません」と記している。この思いがあるからこそ、その普及を晩年の仕事としていたのだった。

ロンドンで見つけたフランシスコ・ザヴィエルの手紙

一九八二年七月、ロンドンのマグス書店において、驚くべきものを見つけた。聖フランシスコ・ザヴィエルの書簡の実物である。一瞬、目を疑った。すぐにホテルにいる反町さんに連絡すると、購入できることになった。西洋古書の書簡の分野で、最も珍重されるもののひとつが、ベートーヴェンのものだが、これは、それにも勝る極珍品だった。市場に出てくることは、まず考えられないようなものだけに、反町さんも興奮を押し隠すことができないような表情だった。

一五一七年のルターによる宗教改革の波は、欧州全土に広がり、プロテスタント勢力が隆盛を誇っていたが、三四年にロヨラが中心となって設立したカトリックのイエズス会は、四〇年に至って修道会としてローマ教皇の公認を得た。遠隔の地、異郷の地への布教に活路を見出すべく、ザヴィエルもその一先兵となり、翌四一年に危険極まりない航海を自ら望み、インドを目指したとされる。

ザヴィエルは、当時アジアへの貿易航路を独占していたポルトガルの国王ジョアン三世の援助を受けていたことから、インド、マラッカ、モルッカ諸島、日本などで布教を続ける傍ら、商業的役割も果たしていた。

イエズス会は、会員相互の団結を強め、会の活動を記録しておくために、末端の宣教師からの定期的な報告を義務づけていた。マカオ、ゴアなどの経由地では、難破による損失を恐れて副本が作成されることもあった。またポルトガルやローマでは、その報告の写本が作られ、会員、枢機卿らに回覧公開された。その目を見張る活動に評判が高まり、イエズス会には有為な人材が集まってきた。ザヴィエルの書簡集は、早くも一五四五年にパリで、四八年にはローマで印刷に付されている。以後、イエズス会宣教師の書簡集は、一六、一七世紀にラテン語を始め各国語訳で数多く出版された。ザヴィエルの五二書簡が、ラテン語版トルセリーニ編によって刊出されたのは、一五九四〜九六年のことであった。

二五〇通は超えるであろうザヴィエルの書簡、文書は、時代の波の中で散佚していったものも多く、『集大成』（一八九九〜一九一二年刊）にまとめられた数は一六七通である。しかし、この中には偽書簡、偽文書、あるいは寄せ集めた内容のものもあり、イエズス会会員でザヴィエル研究家のシュールハンマーはヴィッキとともに、真正なものを一三七通と認定して、一九四四〜四五年に『聖フランシスコ・ザヴィエル書簡・文書』を編纂した。

それによると、全書簡の中で原本の残っているものは三四通。そのうち全文自筆のものはわずかに八通しかなく、その他のものは、筆耕者による口述筆記にザヴィエルが署名をしたものという。原本は、ローマのイエズス会本部文書館に八通、リスボンのトンボ国立公文書館に一九通、スペインのパンプロナにあるグェンドライン伯爵家、イタリアのパルマにある聖ザヴェリオ宣教会本部などに保管されている。

ザヴィエルは、東洋において壮絶で献身的な宣教を行ったことから、一六二二年に列聖され、遺骸、遺物も聖なるものとして、熱烈なる信仰の対象とされてきた。書簡原本も例外ではなく、紙片も少しずつ切り取られ、特に署名のところは最も熱望された部分だった。一六二四年に、イエズス会のヴィチェレスキー総会長は、聖イグナチオ（ロヨラ）と聖ザヴィエルの書簡から署名や紙片を切り取ってはならない、と厳命したものの、その後にも切り取られていったようだ。トンボ国立公文書館やローマの本部文書館のものでも、完全なものはそれぞれ二通ずつしか残っていない。

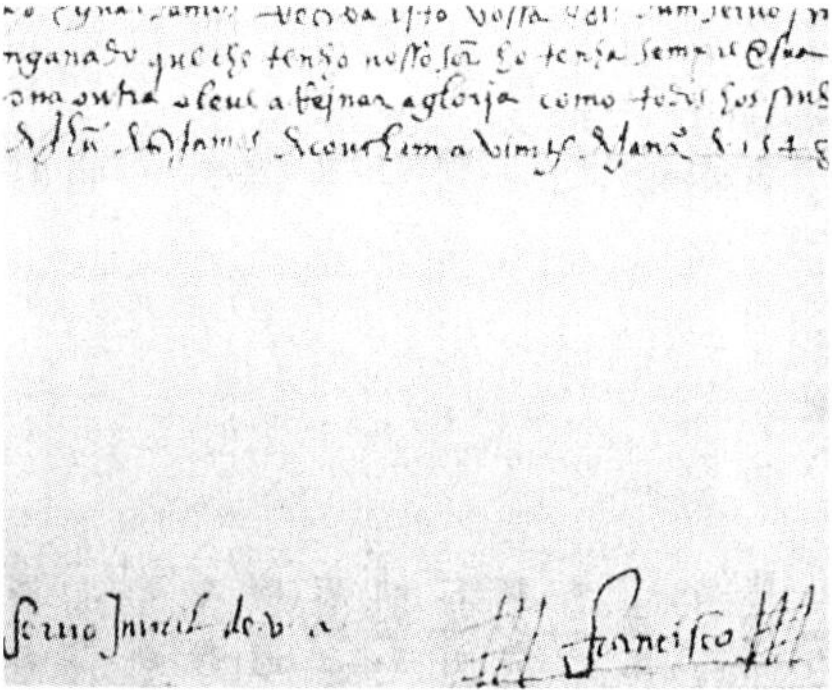

フランシスコ・ザヴィエル書簡、署名部分（右下）

話を戻して、マグス書店から初めて日本にもたらされた書簡は、一三七通の中の六二番目に当たるものだった。ザヴィエルが日本に到達（一五四九年八月一五日）する約一年半前に、インドのコーチンから一五四八年一月二〇日付けで国王ジョアン三世に宛てたもので、アジア地域におけるポルトガル人の活躍、奉仕の現状、公共施設への援助の要請及び国王への忠告が書かれている。やや厚手の古色を帯びた手漉き紙二つ折り用紙に本文三頁（行数は各二七、三二、三一行）が書かれ、末に署名が認めてある。

『聖フランシスコ・ザヴィエル書簡・文書』の注によると、この書簡は、一九二七年にリスボンのヴィダルが古文書商人から買い受けた六書簡の中に含まれていたもので、「ザヴィエル……の書簡は、一九三一年にロンドンの古文書蒐集家マグスに買い取られ、この書簡は現在も彼が所有している」と書かれ、さらに、「ザヴィエルの口述を筆耕者が書き取り、自分で署名をしたポルトガル語原本」と記されている。

現在、その書簡は、平成一〇年に再建された山口サビエル記念聖堂に安住の地を得て、保管されている。

アムステルダム駅で盗まれた北斎版画

海外旅行では、持ち物を自分でしっかりと管理しなければならないことは鉄則である。しかし空腹のあまり、駅構内ベーカリーの焼き立てパンの香りに負けてしまった。そしてその際、所持していたパイロット・ケースを床に置いて、店員とやり取りしている間に盗まれてしまったのだ。

昭和六一年六月、某私立大学学長のオーダーにより、ロンドンのオークション会社クリスティーズで、葛飾北斎の名作版画「諸国瀧廻り」シリーズの一枚「和州《わしゅう》吉野《よしの》義経《よしつね》馬洗滝《うまあらいのたき》」を競り落とした私は、意気揚々と定宿のハーフムーン・ストリートのホテルに戻った。この版画は、頼朝の兵に追われていた義経が馬を洗ったという伝説の滝を描いた逸品である。このような浮世絵版画の名作を入手したのは初めてで、部屋の机の上に置いてしげしげと悦に入っていた。

葛飾北斎画「諸国瀧廻り　和州吉野義経馬洗滝」

明日はオランダの古書店を回るためにヒースロー空港へ向かう。さて、この貴重な版画をどうしよう？　一泊で戻ってくる予定なのでこのままホテルの部屋の旅行ラゲージに入れておこうか、それとも持ち歩いた方が安全か。結局、持ち歩くことにしてしまったのが誤りであった。

オランダでは、いつものようにアムステルダムとライデンの古書店を訪ね歩き、運河沿いのリーズナブルなホテルに一泊し、翌夕、若干の収獲本も鞄に入れて、スキポール空港に向かうためにアムステルダム中央駅に着いた。そのとき、この最悪な事態が起こってしまった。パンを手にし、傍らに置いたパイロット・ケースに手を掛けようとすると、ケースがない！

一瞬、何が起こったのかわからなかった。一秒間のスローモーションが起こり、無音の状況の後、我に返った。盗まれたのだ！

振り向きざまに辺りを見回し、駅の構内中を駆けずり回った。こげ茶色のパイロット・ケースを持っている男を探し追い求めたが、いない。

そうだ、構内の警察に行ってみよう。駆け込むなり、「今、パイロット・ケースを盗まれた。犯人を捜してくれ！」と言い放った。

警察事務官は静かに、「ああ、盗られたのですね」と日常茶飯事のごとくさらりと言い、「盗難証明書を発行しますから、この調書に必要事項を書いてください」ということですべては終わった。諦めとも、切なさとも言いようがない焦燥感に苛まれた。「携帯品損害の保険金が下りますから」という慰めるような説明が続いた。

後でわかったのだが、保険金は上限でも損害の五分の一程度にしかならなかった。急遽、その夜は飛行機を翌日便に変更してアムステルダムにもう一泊することにした。

ちょうど、日本人が被害を受けたアムステルダム運河殺人事件があったころだったので、気味が悪い雰囲気だったが、鞄には紙刷りの絵と古本しかなく、金品がないから、もしかしてそこら辺りに投げ捨てられていないかという勝手でかすかな希望を持ちながら、夜の運河道をとぼとぼと歩き回ったが、見つかることはなかった。

後日談であるが、それから一〇年も経ったころ、アムステルダムの古書専門オークション・ハウスから送られてきた目録を見てびっくりした。古書ばかりの中に一点だけ北斎の版画が写真掲載されている。

これは、忘れもしないあの「義経馬洗滝」ではないか。

版画は多数刷られているので、別のものかもしれない。しかし、元のオークションの写真と比べると、微妙な色むらのところや小さな刷り損じ等がまったく一致する。しかも、その鞄に入っていた江戸時代の写本も目録に掲載され、売りに出されている。

間違いない。これは現地に行き、事情を説明して取り戻すしかないだろうと思った。すぐにオークションのプレヴューイングに合わせて飛行機に飛び乗り現地へ向かった。オークション・ハウスの担当者に、元の目録写真と今回の目録写真とを照合したこと、そのとき鞄の中に一緒にあった写本の目録掲載のことも説明したら理解してくれた。二点が同じ出品者であることを確かめてくれたが、名は明かさなかった。所有者はその後に代わっているかもしれないので、追及はできない。

交渉した結果、競売は行わない代わりに、目録表示の予想価格で買ってくれという。仕方なくほぼ保険金と同じ価格で買い戻すことにした。

こうして手にしたものの、持ち帰ってよく見ると、全体に色がかなり褪せて並みのような保存状態になっており、昔の面影がない。

バブル景気も終わったころに市で売ったが、買い戻した値段にしかならなかった。一〇年であんなにも状態が変化するものなのか。窓際に置かれっぱなしで色褪せてしまったのか。改めて版画の保存の仕方について考えるようになった。

版画の保存状態を物語る良い例として、ボストン美術館スポルディング・コレクションの浮世絵版画群があるが、これらは非展示を条件に寄贈された。この条件は、寄贈者が浮世絵版画は光を浴びると褪色するということを知っていて恐れていたためで、実際、暗所に保管されたままの状態であったことから、近年の調査の結果でも、その刷り色が他に伝存している版画と比べてすこぶる色目がいいことが判明している。特に元の紫色の鮮やかさが目を引くという。

ロンドンにあった川原慶賀の長崎出島図

今から三五年くらい前、八ビットのパソコンはあったものの、用途はワープロや集計程度のことにしか使われず、ましてやインターネットはまだまだ先の話で、今のように一瞬のうちに情報が世界を駆け巡る世の中ではなかった。

古書籍業も、古い時代のものでのんびりやっているように外部から見られるが、実際には鍔《つば》迫り合いの情報戦争のようなところもある。

昭和三〇年代ころまでは、東京と地方では古書の流通、情報交換もあまり盛んでなかったので、古書価格のつけ方にはかなりの高低差があるものもあった。目が利いた弘文荘の反町さんは、月に一回関西に夜行列車で出かけて、当地の古書店で重要文化財級の珍品を安価で掘り出すこともしばしばあった。古本、古書には相場があるが、過去に経験のない本については古書店主独自の判断で価格をつけるので、そのようなことも起きるわけである。

その後、国内ではそのような古書価格の高低はほぼなくなってきたが、海外ではまだあった。私も年に二回くらいは欧米に行き、洋古書を仕入れつつ、日本の古書や古絵画、チリメン本（明治期の木版刷り料紙をチリメン状にした欧文訳昔話など）、明治期写真帖などがあると十分に買える値段であったので積極的に仕入れをしてきた。

特に、江戸時代以来日本と交流が深いオランダでは、アムステルダム、ライデン、ハーグ、ユトレヒト、ズウォレなどの都市をレンタカーで走り回った。イギリスではもちろんロンドンである。この都市には世界中の文化が集まり、古書店も多様性があった。時間がなくて一か所の訪問となれば、躊躇なく馴染みの古書店が何軒もあるロンドンを選んだ。イギリスでは他に、オックスフォード、ケンブリッジ、ブライトンなどを回った。フランス、パリにももちろん足を延ばした。

各都市ごとに、毎回顔を出してコミュニケーションを密にしていた古書店があった。商売付き合いではあったが、半ば友人のような面もあった。

そのロンドンでいつものように日本の浮世絵専門店を訪ねた。店主はもちろんイギリス人であるが、国際的に流通のある浮世絵を扱っていた。その店では浮世絵だけでなく、絵入り和本や古書画もたまにあったので覗いてみた。いつものように、「何かありますか?」と尋ねると、「こんなものは?」と無造作に机の上に置いた。「そ、それは、川原慶賀《かわはらけいが》の出島図ではないか!」。息を飲むように見たが、「これはどこの図?」と何気なく聞いてみた。すると、「どこだかわからないけど、扇形の

川原慶賀画「長崎出島図」

日本のどこかの島みたい」と答えた。どうやら店主はこれが長崎出島とはわかっていないようだ。絹の上に描かれていわゆるマクリ（未表装）の状態なので、少しよれよれとした感じである。「いくらですか？」と聞いたところ、少し考えて、一般的な日本の書画の値段を言ってきた。もちろん即座に欲しいが、少しポーカーフェースを使って、考えながらゆっくりと、「では、いただきましょう」と店主に告げた。旅行小切手で払う場合もあるが、信用取引で物は持っていくものの、送金は帰国後ということもあった。四〇×五〇センチメートルほどの絹本《けんぽん》なので畳めない。そこでボール紙の筒に巻いてもらい、勇んで帰国した。これは額に入れてしばらく家宝としていたが、旧知だった長崎市立博物館の学芸員氏がわざわざ事務所まで訪ねてきてくれて、是非欲しいということになり、納入することになった。今は長崎歴史文化博物館の目玉として所蔵されている。

NHKの「ブラタモリ」第一回放送で長崎が取り上げられたが、タモリ氏がその「出島図」のコピーを手に出島を巡っていたのを見て懐かしく思った。

ロンドンからファックス、五日後に渡英

一七五三年に設立された大英博物館（開館はその六年後）は長く図書部も包含していたが、一九七三年の法律制定により、大英図書館が分離し創設された。

戦中に日本語を習得して日本軍資料の解読などを行っていたケネス・B・ガードナーさんは、戦後、大英博物館図書部のアジア及びアフリカ・コレクション部門で、東アジア・コレクションを担当した。大英図書館となってからは、同コレクション部門の主任として長く在籍して同館の数々の書誌資料を編集した。晩年の『大英図書館蔵　日本古版本目録』（一九九四年刊）は、細心の書誌解題を伴った名著で、弘文荘の反町茂雄さんも物心両面からの協力を惜しまなかった。目録には、エンゲルベルト・ケンペル、フォン・シーボルト、アーネスト・サトウらの蒐集した元禄期以前の古版本六〇〇余点が解題され、写真版も多く収載されている。また、大英図書館にしかない孤本も含まれている。この書誌は、刊行翌年の第一三回山片蟠桃《やまがたばんとう》賞を受賞したが、その年にガードナーさんは七一歳の生涯を閉じられた。

そのガードナーさんの片腕として長く勤めたのが、台湾出身のユーイン・ブラウン（玉英）さんである。ガードナーさん退職後は、同部の主任として手腕を発揮した。一九八八年に行われた大英図書館主催の「国際日本文化研究会議」はロンドン大学などの協力もあり、欧州及び日本の研究者を多く集めた画期的な会議で、ブラウンさんは中心となって活動した。その後も書誌や展覧会企画など多くの業績を残された。この会議には私も反町さんのお供で出席した。

そのブラウンさんから一九九〇年三月、突然私の手元に国際電話のファックスが五枚ほど唸り音を立てて入ってきた。おどろおどろしい絵が大きく入った肉筆原稿だったが、明治ごろのもののようであまり魅力を感じなかった。一通り受信した後から国際電話が鳴り、ブラウンさんは、「今送ったのは、リチャード・ゴードン・スミスという人の本だ。一九世紀末から二〇世紀初めにかけて日本に滞在して、日本の昔話や民間説話を直接土地の人に聞き、彼自身がすぐに英訳して筆録した大判の原本が五冊ある。日本人画家を雇って描かれた挿絵がふんだんにあり、狩猟採集した動物の毛や疑似餌なども直接に貼りつけられている」という。

リチャード・ゴードン・スミス自筆本、日本昔話・説話及び日本日記

すぐにラフカディオ・ハーン（小泉八雲）を連想した。日本の昔話を英訳した外国人が他にいたとは驚きだ。しかも、画家を雇っての豪勢な日本滞在である。これは魅力がある、とすぐに渡英を思い立った。とにかく行って直接に見てみなければならない。

ブラウンさんに会うと、これはスミスの遺族から出たものだという。革装で小口にベルトがついたかなり大型で厚冊の特注雑記帳である。一冊五キロはあろうかと思われる。私は思い切ってこれを買い取り、明治古典会大入札会に出品した。飛行機に預ける荷物としては重量オーバーだったが、その料金を払ってまで持ってきた甲斐はあった。反町さんが注目して落札してくれたのだ。どうやらその価値を上客に話して注文を取ってくれたようだった。

リチャード・ゴードン・スミス（一八五八〜一九一八）の祖父は、広大な荘園を持ち、炭鉱でも財を成したリチャード・スミス。彼はイングランド北西部のアーズウィックに生まれたが、一家は湖水地方へ引っ越したり、夏冬にはフランスの各地を移動していた。これらの体験も、スミスを世界への旅行に駆り立てた要因になっていたのだろう。

スミスは、陸軍士官学校の試験を受けたものの合格できず、以後就職せず、一生を狩猟と魚釣りに没頭していった。二一歳のときに結婚し、カナダ・ケベック州のガスペ半島での生活を始め、息子一人、娘三人に恵まれ、野外での生活を楽しんだり、一緒にアメリカやフランスへの旅行もしていた。そんな折の一八八八年冬に、息子のアーサーがジフテリアにかかって亡くなってしまった。一家は、故国イギリス及びフランスに移った。

一八九七年には、大きな転機が訪れた。スミスに父親の遺産と思われる多額の収入があり、サセックスに広い土地と大きな屋敷を構えたものの、わずか五か月にして、妻との破綻から、これらを手放すこととなった。落胆したスミスはこれ以後、逃れるように東洋への旅に出発した。セイロンやビルマを経て、日本に辿り着いたのであった。一九世紀後期の欧米での日本ブームの最中、スミスは日本が気に入り、一八九八年一二月に足を踏み入れてから、数度の帰国を挟み、一九〇七年三月に去るまで、日本に長期にわたり滞在した。

日本での狩猟を楽しみにしていたものの、獲物があまりないことを知り、一時帰国したが、一九〇一年七月一九日付けで大英博物館の自然史担当官から、日本、朝鮮の魚を含めた動物の標本を収集する任務の委嘱状を得て、同年冬日本に戻った。

東京では、召使いとともに帝国ホテルを定宿とし、箱根においては富士屋ホテル、神戸に本拠を移してからは、借家に住むようになった。彼は、社交の輪も広く持っ

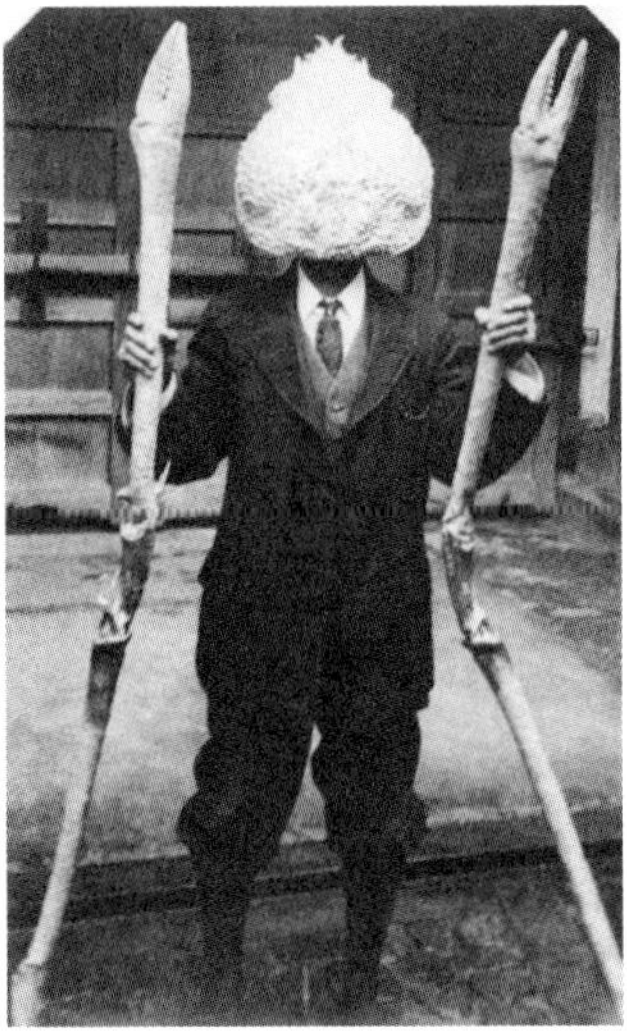

高足蟹を持っておどけるリチャード・ゴードン・スミス

ていた。当然、当時の駐日英国公使、後に駐清英国公使であったアーネスト・サトウとも面識を持ち、日本での活動の便宜を与えてもらった。また、農商務大臣であった金子堅太郎、真珠王の御木本幸吉、兵庫県知事服部一三らとも親交を結び、便宜を図ってもらった。

大英博物館への博物標本の供給は、主に瀬戸内海及びその周辺で行われ、ヨットの風上への帆走技法やトロール網での漁法などを日本人に伝えた。また猟犬の扱い方も我が国にもたらした。帰国後に、当時の皇太子嘉仁《よしひと》親王（大正天皇）のために二匹の猟犬を贈ったが、皇太子はこの犬に、ゴードンとスミスという名をつけ、感謝のしるしに銀杯一対を贈った。

伊勢志摩方面にも足を延ばし、答志島《とうしじま》では、巨大な高足蟹を捕獲し、五〇種以上の新種発見の成果を上げた。また、日本の農商務省からも依頼を受け、哺乳動物を収集したが、それらの功績からスミスは、勲四等旭日小綬章を授与された。

スミスは、日本各地への旅行、狩猟の傍ら、漁師、農民、僧侶、医師、子供らと親しくなって、その土地の昔話、説話を語ってもらった。それをすぐに通訳に英訳してもらい、自身で文章としてまとめ、大型の雑記帳に記していった。挿絵のスペースを空けながら筆記し、後で専属の絵師、蕪雪、梅芳、是春、白水、春湖らに依頼して話に合う絵を肉筆で描かせた。

ザ・ジャパン・ウィークリー・クロニクル紙の一九一八年一一月六日付けスミスの死亡記事に、「故人は、二十余年前極東に来られ、大英博物館のために博物の標本を集め、日本、朝鮮、台湾などを広く旅行された。……もし彼が日記をつけておられたら、それは非常に面白いものであるに違いない」と記されている。

それが子孫の家から出現したのだ。この昔話・説話全二五〇話分は五冊、その後に日記分八冊も入手し、合体して某大学に納品することができた。

昔話・説話草稿本から五七話を採って、スミスは一九〇八年ロンドンで自著として『日本の昔話と民間説話』を刊行した。古代の物語、江戸時代の「振袖火事」、明治維新の西郷隆盛と渡邉健蔵《たつぞう》の「嵐の夜の悲劇」まで幅広く、貴重な伝承文学の記録となっている。

スミスの草稿本一三冊は子孫の家でずっと静かに眠っていたが、近年発見されると日本明治後期のタイムカプセルとして大変注目を集め、一九八六年にヴィクトリア・マンソープにより『リチャード・ゴードン・スミスの日本日記』としてロンドンで刊行された。多数のカラー図版が入った、英国人の珍奇な日本滞在記としてまとめられている。その後、荒俣宏解説・大橋悦子共訳により、『ゴードン・スミスのニッポン仰天日記』として一九九三年に小学館から刊行され、話題となった。

スミスのこれらの草稿本は、日本の博物学、民俗学、説話文学、言語学、挿絵絵画からも大変貴重な宝庫とされ、国文学研究資料館の館長であった伊井春樹著『ゴードン・スミスの見た明治の日本――日露戦争と大和魂』二〇〇七年刊もある。今後も多角的な面から研究される余地はあるだろう。

第三章　最古の史料発見

紙くずの中から日本最古の「かわら版」出現！

神田駿河台下の神田小川町にある東京都古書籍商業協同組合の東京古書会館では、毎週月曜日から金曜日まで古書組合員（古物商の許可証を持った組合加盟古書業者）同士が売買する六つの市が立つ。特に一〇〇年以上の歴史を持つ火曜日開催の東京古典会には、主として和本等の古典籍類が集まり、金曜日開催の明治古典会には、主として近代文学、明治文献、資料類が出品される。

全国の都道府県には古書組合があり、それぞれ地元の市が開かれるが、買い手がたくさんいる東京の市に品物が集中する傾向がある。市は行ってみなければ、何が出品されるのか、どんな珍品が出るか予測できないので、毎週、市へ顔を出すことは欠かせない。

八年前のある金曜日、東京古書会館に行くと、朱子学の和本や俳句書等とともに、大量の和本の端本《はほん》（揃いでない半端本）や反故《ほご》紙類がある程度の山に括られ、いくつもの口（入札の括り）で出品されていた。

どこから出てきたものなのかは、だいたい想像できた。神田で三代にわたり和本補修の装潢師《そうこうし》として名を馳せた家だろう。二代目になった婿は朱子学の学者でもあり、俳句誌も主宰していた異色の人で、三代目は一〇年以上前に病に倒れ、ほぼ廃業の状態であった。そこの蔵書や反故紙が出たわけである。生前のお得意先には、神田神保町の老舗和本店や本郷の弘文荘反町氏等がいた。戦前戦後を通じて、かなりの稀覯和本の補修を手がけ、補修に必要な各時代、各種の反故紙を相当量ストックしていたことが想像できた。

和本類の山も片っ端から目を通すものの、やはり揃いはなく、いわゆる端本だった。古経類もあるので物色するが、虫食いだらけのものか、断簡で古くても室町時代程度のもの。三〇口ぐらい物色したであろうか。それでもこの仕事は決して諦めたり中途半端に見ることは禁物で、いつ、どこで、何が出るか、まったく予想はつかないので、その場にいる限りは全力を尽くすことが大事である。古書業者の命は仕入れであるから、常在戦場の気持ちはいつもある。

次に目の前にした口は、段ボール一箱分ぐらいの反故紙のかたまりである。手際よく掻き分けながら奥を物色していくと、何か小さな地図のような断片が出てきた。時代も古そうだ。しかし、断片では価値がない。待てよ、合戦配陣図のような感じの稚拙な木版刷りである。ぱっとひらめいた。もしかしたら、かわら版の「大坂冬の陣・夏の陣」のようなものかもしれない。この間五秒ほど……。時間をかけてじっと見ていると、入札の競争相手に「何かあるのかな」と感づかれてしまう。一括ものを下見するときは、そのような態度が必要なのだ。何もなかったように反故紙のかたまりを元に戻し、その場を立ち去る。入札はその場ですぐにせず、他を回ってから、人の気配のないときに入札するのである。古書組合の業者間オークションは競りもあるが、ほとんどはそれぞれのロット（口）に付けられた封筒に、入札値を書いた紙片を入れて開札を待つ。

幸い他の業者は気付かなかったようで、比較的安価で落札できた。

事務所に持ち帰り、さっそく調べに入る。この時間が古書業者冥利に尽きる楽しみでもある。掘り出し物であろうという確証が七〇パーセント程度あれば仕入れをするが、今まで調べた結果は九〇パーセントぐらいが本物であった。

かわら版「大坂冬之陣図」は、『大坂物語』（慶長《けいちょう》二〇年〈一六一五〉刊）の巻末図の他に、数種類のかわら版が知られている。慶長一九年の冬の陣と慶長二〇年の夏の陣の戦陣状況が速報として刷られたのである。戦いに参じた足軽などは半農ゆえ故郷に持ち帰る土産として、あるいは地元の町民が全貌を知るものとして需要があった。かわら版は、大事件が起こったときの号外のようなもので、安価でかなりの数が刷られたのであろうが、一過性の記録であり、一枚刷りであったことから後世に伝存することはなく、現存数は極めて少ない。

例えば、幕末の安政《あんせい》三年（一八五六）に長崎奉行所より出版されたオランダ語学書の翻刻で活字版の『シンタキス』は当時、五二八部刷られた。しかし、その後オランダ語が主流でなくなり、明治を迎えたことから見向きもされなかったのか、廃棄されてしまったのか、今となっては近代日本最古の金属活字版の極貴重本でありながら、現存は一〇部もない。幕末の形ある本でもこのようなありさまである。ましてや江戸初期の紙一枚のものが残っているはずがない。

夏の陣のかわら版「大坂卯年図《おおさかうどしず》」は江戸の好事家《こうずか》の間でも評判だったもので、

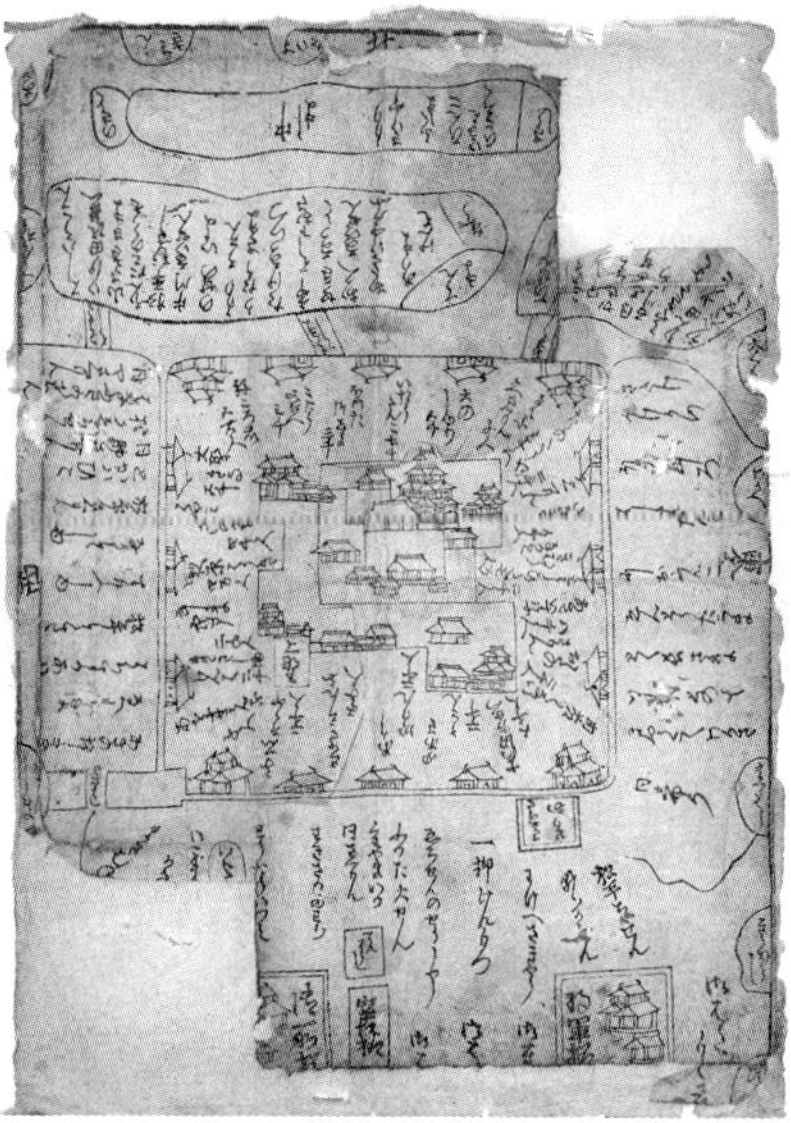

かわら版「大坂冬之陣図」。右上と左下はやや欠落するものの、ほぼ全体が確認できる

「元和《げんな》古写本の表紙の裡より見出しひめおけるを広く好古の人々に見せんとして桜木にちりばめはべりぬ于時文化十一甲戌のとし田口蔵」と当時複製まで刷られたほどであった。

持ち帰ったかわら版をよく調べて見ると、何とこの「古写本の表紙の裡（裏）より見出し」と同じケースのものであった。本より大きい図であったため、図の全体の三分の二ほどが使われ、表表紙と裏表紙の裏に補強紙として貼られていたもので、うまく図の左上部分と右下部分が使われていた。二枚を貼り合わせると中央部が重複し、右上と左下のわずかな部分が欠けるものの、ちょうど一枚分が再現されたのである。市に出てきたときも二枚を貼り合わせてある状態であった。

明らかに和本補修屋さんが、元和ごろの版本の虫食いか傷みの補修を持ち込まれたときに表表紙・裏表紙の裏から見つけ、あまりよく解らないままに二枚を貼り合わせて持っていたのではないか。

古家の襖《ふすま》の下張りから珍奇な書き付けが出てきたという、永井荷風作「四畳半襖の下張」を、地で行くような不思議な体験であった。

これは、読売新聞（平成二四年三月一八日朝刊）に「最古の瓦版見つかる」という記事になり、直後のヤフーニュースでも一位にランクされた。

奈良時代初期、長屋王願経断簡現る

古書業を長く続けていると、次第により古いものに興味が出てくる。古いものとなると、西洋、日本とも宗教書に行き着く。西洋のものではキリスト教の聖書や時禱書《じとうしょ》（ブック・オブ・アワーズ）、日本では仏教の経典ということになる。いずれも時代が古いので、筆写されたものである。

内容的にも、また、書写材料にしても、紙・獣皮・墨・顔料とも当時の最高のものを使っているので、それらの比較検討の試料にもなる。そのうえ、美術的にも優れたものに浸ることができる。

流通している西洋のものでは一三～一五世紀の、ヴェラム（羊皮紙）に手書きされた聖書・時禱書類で、それらには、イニシャルの中に描かれたミニチュア絵画や飾り枠などに鉱物系顔料が使われており、金やラピスラズリの青のように鮮やかな彩色は今に輝きが保たれている。

一冊本はかなり高価なので、なかなか手にすることはできないが、一枚表裏二ページの形でよく流通している。それらを体系的に集めて、研究の用に供したり、額に入れて鑑賞する楽しみは知的であり、その時代へといざなってくれる。

日本のものの場合でも同じである。天平《てんぴょう》時代から平安、鎌倉時代ころまでの八～一三世紀のものだから、西洋と比べてもかなり古い。日本にはまだそのころのお経がたくさん残っている。中国・朝鮮から伝来した仏教は、経典の形で日本に伝わり、時の為政者は仏教の力を借り、また、信仰して国を治めていった。紺紙《こんし》金銀字、扉絵、表紙絵の装飾は、西洋のそれに比べて美術的にも遜色がない。

正倉院に残る奈良時代の遺物に象徴される、聖武天皇、光明皇后が残したお経は、日本の宝である。世の中の天変地異や事変が起こる度、あるいは新たな寺院を全国に配置した折、また、故人の追悼功徳のため、お経は書写された。「一切経《いっさいきょう》」は膨大で、約七〇〇〇巻に及ぶ。『大般若波羅蜜多経《だいはんにゃはらみったきょう》』でも六〇〇巻である。これらが相当回数書写されたので、現在でも各寺院に残っているが、長い間に少しずつ流出して、公共博物館・美術館に収蔵されたり、あるいは個人の所有となっている。

古い時代のお経がまるまる一巻のまま巷に出てくることは稀であるが、長い間の虫食いや破損、あるいは焼け焦げなどの理由で、一紙（二七×三八センチ程度）分あるいは数行を切った断簡《だんかん》の形で市場に出てくることはよくある。

このようなことから私も古写経に興味を持っているので、古書業者の市に断簡として数点まとめて出てくるものは、いつも丹念に見ている。

ほとんどは平安・鎌倉・南北朝・室町初期ごろまでのものなのでパスしていくのだが、そんな中でひときわ異彩を放つのが、天平・奈良時代後期のお経である。平安になると和様のやや行書に近くなる書体であるが、ひと時代前のものは、謹直な中にも柔らかさを感じる楷書体で書写されている。中国の唐の写経が日本にもたらされ、その書体を踏襲している。天平一二年（七四〇）五月一日の願文がある光明皇后願経《がんきよう》を頂点とした天平経は、同二年から天平神護二年（七三〇〜七六六）にかけてのものが残っている。そのあとの時代になると、神護景雲二年（七六八）に聖武天皇・光明皇后の内親王、称徳《しようとく》天皇による願経がある。料紙《りようし》が天平経よりやや茶褐色になり、書体も謹直で天平時代より少し硬くなっている。

この天平時代よりもう一段古いのが、和銅五年（七一二）、神亀《じんき》五年（七二八）に書写された長屋王《ながやおう》願経で国宝や重要文化財に指定されている。これは天武天皇の孫の長屋王が発願したもので、願文に年号のある古写経としては最も古いもののひとつである。天平経の書体がやや緊張してわずかに扁平になっているのに対し、この願経の書体は謹直の中にも伸びやかなところがある。年号のはっきりした最古のものは、『金剛場陀羅尼経《こんごうじようだらにきよう》』一巻で、天武一五年（六八六）の筆写で、これも国宝に指定されている。

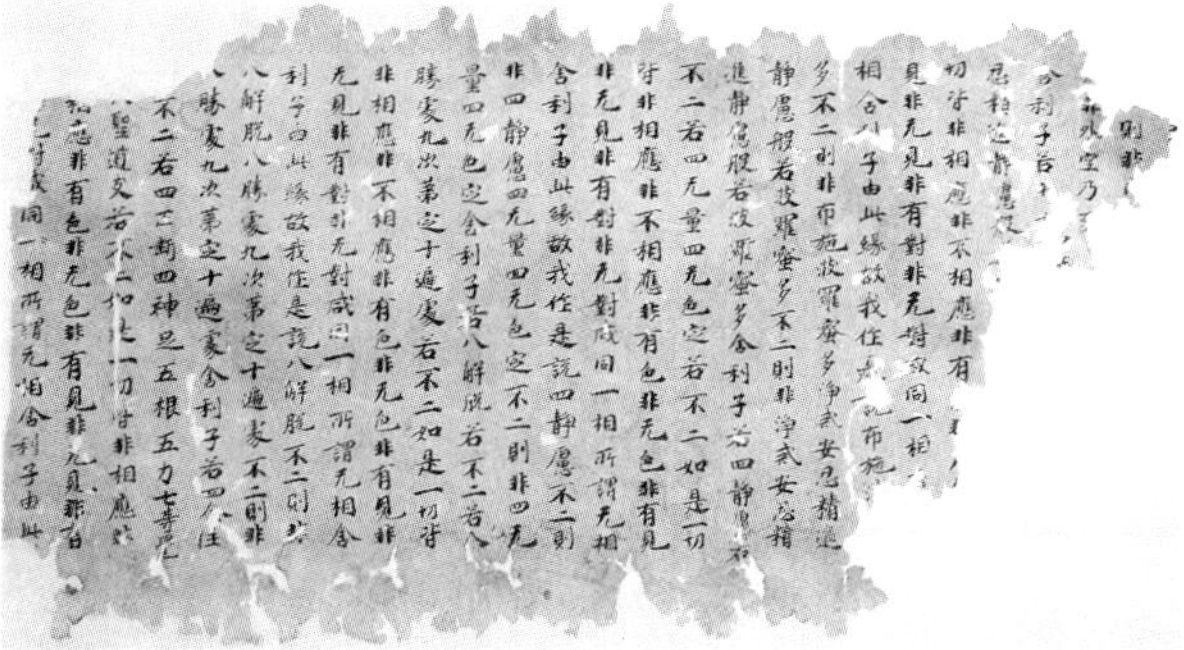

長屋王願経、神亀５年写『大般若経』断簡

話を業者の市に戻すと、あるとき、平安から鎌倉時代の写経断簡七〜八枚が出品された中に一枚、天平写経と思われる書風、紙質のものが見えた。「むっ！　これは」と、さらに観察すると、何と長屋王願経の特徴がそこにはっきりとあった。「これは買うしかない！」と、高めの札を入れると中ほどで落ちてきた。持ち帰って『奈良朝写経』（奈良国立博物館編、昭和五八年、東京美術刊）の図版と比べてみると、まさに長屋王願経であった。

これは、平成二四年八月二五日の読売新聞の記事として掲載された。

そのお経の特徴というと、ほとんどの古写経は淡墨《たんぼく》で界線《かいせん》（行間及び天地の線）が引かれているが、長屋王願経の場合は界線がまったくない。書体とそのことを頭に入れておけば、いつか見つけることができるかもしれない。

唐の義浄著『南海寄帰内法伝』、最古の写本断簡見つかる

最近、まるまる一本（一巻）の奈良時代や唐時代の古写経が業者市に出てくることは、あまり見かけなくなった。もう二〇年くらい前から我が国では古物の中国ブームで、それまで唐本、あるいは漢籍といわれる中国本は地味で、研究者も少なく、ましてやその分野の日本人コレクターの需要はほぼなかったのではないか。

唐本が我が国にもたらされたことにより、飛鳥時代以来仏教が伝わり、最新の人文科学、自然科学が伝播された。また、絵画他の美術の分野においても然りである。その系譜はずっと続き、江戸時代末まで唐本や文物の輸入は絶えず、知識の移入もこれらを通じて行われた。江戸後期から蘭学が興り、オランダを通じて西洋文化が移入されるようになり、明治の文明開化では、直接多数の留学生が欧米に行き、またお雇い外国人の力を借りて、日本は急速な発展を遂げた。

しかし、巨視的に見てまだ大正ころまでは漢文や漢詩を読み書くことが教養人の証であった。それが戦後はほとんどこのような伝統はなくなってきた。わずかな中国研究者、唐本愛好家を相手に、中国本を扱う古書店もじり貧のような状態で営業を続けてきた。

それが一転、中国の驚異的な経済成長に伴い、世界中の中国古物・古籍を政府機関も個人投資家もむさぼるように買い戻している。ちょうどバブル期に日本でも、印象派の絵画を欧米のオークションで買い集めていた時期があった。あのときを遥かに上回る現象が、この二〇年の間に起きている。それまですこぶる地味であった唐本・漢籍を扱う古書業者が、今や花形で、全体的に低迷していた古書業界に潤いをもたらしたことは間違いない。

それで、中国古写経や奈良・平安時代の日本の古写経も、オークションや業者市に一巻あるいは一帖として出てきていたが、最近は少し払底してきたのか、せいぜい数行の断簡の出品が多くなってきた。

通常、古写経の断簡であると数枚を合わせて業者市に出品されるが、令和二年に

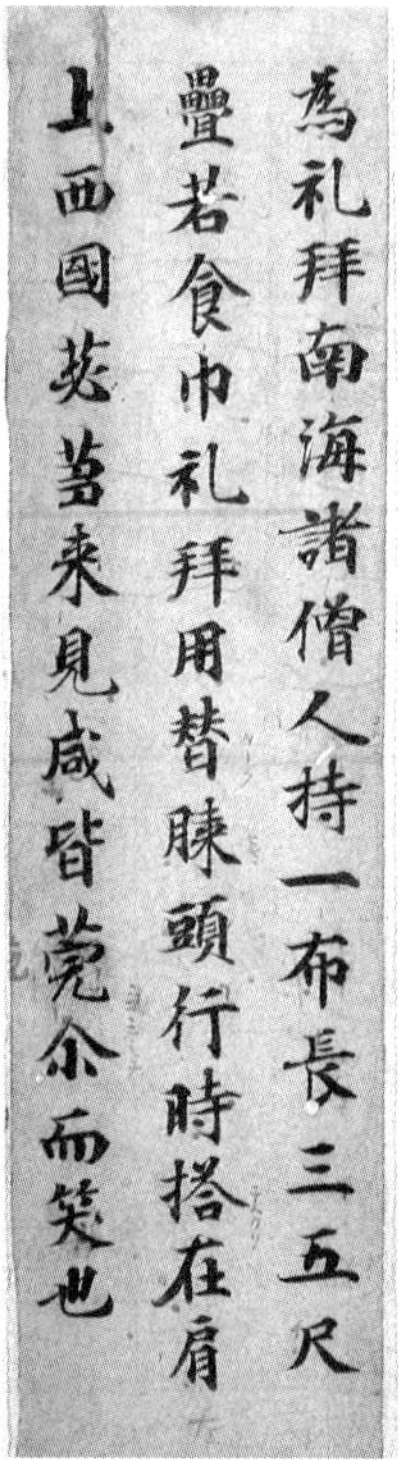
為礼拜南海諸僧人持一布長三五尺
疊若食巾礼拜用替膝頭行時搭在肩
上西国苾芻来見咸皆莞尒而笑也

天平時代写『南海寄帰内法伝』巻3断簡。1行目の上から4文字目以下に「南海諸僧」の文字が見られる

入って業者市に三行のものが一枚で出品された。一目見るなり、奈良時代の黄麻紙《おうまし》に謹直な書体で書写された好ましいものであった。ここまでは、単なる奈良時代の古写経で、常識的な値で落とされるのであろう。しかし、文面をよく見ると普通ではなかった。一行目に「南海諸僧」とある。

天理図書館の展示会や図録はよく見るのだが、国宝『南海寄帰内法伝《なんかいききないほうでん》』はその書体の美しさからも頭にこびりついている。もしかしたらそのツレ（元一組で別れたもの）の断簡ではないか、という思いが頭をよぎった。これも現場での確証は七〇パーセントである。しかし買うしかないと思い、四通りの思い切った値の札を入れた。誰も気が付かないのではと思ったが、一人知っていた業者がいたようだ。一番高い値で落ちてきた。高くても何でもいい、手に入りさえすればこっちのものだ。

さっそく事務所に帰り、天理図書館の図版と比べてみると、寸分違わず同じものであった。入手は令和二年に入ってからのことであったが、広尾の都立中央図書館に行ってこの断簡の本文が果たしてどの巻に当たるのか調べてみたくなった。そう思ったときは四月、コロナ禍で業者市場も閉鎖となり、図書館も閉館してしまった。開館を待つしかない、待ち遠しいが仕方がない。六月になると慎重に業者市も再開した。三密は避け、マスク、検温、消毒は欠かせない処置の中での再開である。公共図書館は一部開館したものの、三密を避けるために面倒な予約制で行く気にもなれない。法藏館刊の現代語訳本を求めに三省堂書店に行ったが、在庫がなく入荷も未定の状態だった。「日本の古本屋」で古書店が在庫している古書・古本が検索できるので調べてみると、現代語訳は散見するが、定価と同じ価格で高い。そんな中、中国出版の注釈書が安くあった。

さっそくこれを購入して、その三行が何巻にあるのか調べてみた。何と、それまで日本では巻一、巻二、巻四残巻しか残っていなかったのに、それは巻三のものだった。

『南海寄帰内法伝』は、唐の義浄《ぎじょう》（六三五～七一三）が南海諸国を経由して、インド東北の那爛陀《ナーランダー》を中心に約一〇年間修学、巡った折の比丘《びく》、比丘尼《びくに》の行業相態《ぎょうごうそうたい》見聞記である。

報告見聞記ながら内典とされて大蔵経に加えられたことから、我が国にもたらされて奈良時代に書写された。天平一一年（七三九）七月の写経請本帳の中に「送南海寄帰内法伝四巻」とあることから、このころの写経と見られる。

現存では、天理図書館に巻一、巻二があり国宝となっている。また昭和一八年に古典保存会によって複製された守屋孝蔵旧蔵本は、巻四中の三紙六八行の残巻で、昭和一一年には国宝に指定されていたが、今は京都国立博物館に蔵され、重要文化財となっている。天理本、京博本、また今回出現した巻三中の三行断簡とも書体、訓及び乎古止点《をことてん》、声点《しょうてん》などが一致し、僚巻《りょうかん》（元一組であったもの）とみなされる。

古典保存会の解説にも、

西域記及び慈恩伝《じおん》（玄奘著《げんじょう》）は、共に数種の古写本あるに拘わらず、南海寄帰内法伝は至って稀少であって従来熊谷家本（巻二、現天理図蔵）及び此の本以外に古写の伝えられたるを聞かず

と記述されている。

この断簡の料紙は黄麻紙で、紙高は二七・六センチ。天理本及び京博本の紙高は、それぞれ二六・五センチ、二五・四センチ。本文は第二一章「座具襯身《しんしん》（はだぎ）」の最後の部分で、

為礼拝。南海諸僧、人持一布、長三五尺、畳若食巾、礼拝用替膝頭、行時搭在肩上。西国苾芻来見、咸皆莞尒而笑也。

現代語訳では、

（座具は中国仏教のように）礼拝のためのものではないのである。南海の諸僧では、人は一布を持している。巾・長、三尺・五尺で畳むと食巾のようになる。礼拝のときに用いて膝頭にほどこし、行く時にはかけて肩上におくのである。西国（インド）の苾芻《びっしゅ》（僧侶）は（南海に）来て（これを）見て（も、その本義に悖《もと》るのを知りながら、）みなが皆にこりとして（微）笑むのである。

（宮林昭彦・加藤栄司訳『現代語訳 南海寄帰内法伝』法藏館刊より）

とある。

同訳本を基に各章題を追っていくと、

巻第一

序章　宇宙開闢から唐代まで

第一章　夏安居不成立でも僧伽内序列の降下はない

第二章　尊像・尊者に対するきまり

第三章　食事は小さな椅子に腰掛けてとる
第四章　食事には浄・不浄区別の原則がある
第五章　食後に穢れをとる
第六章　浄と不浄の二種類の水がある
第七章　朝、水中の虫を観察する
第八章　朝には歯磨きをする
第九章　お斎のきまり

巻第二

第十章　衣服のきまり
第十一章　衣の著方きまり
第十二章　苾芻尼の衣と葬送の法
第十三章　浄地の結界方法
第十四章　夏安居の実際
第十五章　随意—夏安居反省大会—の実際

と、行法を説く一方、僧侶の日常生活にも触れ、また南海や中国僧の間違いを指摘したりと、興味が尽きない。

法顕《ほっけん》（三三七?〜四二二?）の『法顕伝』や玄奘（六〇二?〜六六四）の『大唐西域記《だいとうさいいきき》』、『大唐大慈恩寺三蔵法師伝』はインド旅行の記録的なものだが、義浄の『南海寄帰内法伝』は滞在型の観察記録といえる。義浄は三七歳で斉州《さいしゅう》（山東省斉南府）を出立して、南海各所を回り、修学目的のナーランダーに至り約一〇年滞在した。五世紀に創設されたこの僧院は、仏教修学の一大拠点の総合大学で、世界各地から僧数千人が集まったとされる。義浄は万巻の梵本《ぼんぽん》を携えて六〇歳で帰国し、時の中国・唐の皇帝則天武后の出迎えを受けた。

新発見の長崎版画オランダ船図

江戸時代の長崎版画は、オランダ船、オランダ人、ロシア船、ロシア人、英米人、唐船、唐人、朝鮮人、動物、長崎風景、外国風景、長崎地図などを題材としている。長崎版画の参考書としては、樋口弘編著『長崎浮世絵』（昭和四六年刊）が最も集成されたものだ。その本の「阿蘭陀船」部門中一番に掲げられているのが、『紅毛本國船之圖』である。これは紙二枚継ぎの縦特大判で、五六・五×三四・五センチメートルと記されている。ところが、この図を見ると、左右が断截《だんせつ》されて版元名がない。この左右が切られている図が、弘文荘反町氏主催の昭和三七年白木屋古書展目録に掲載されている。値段は八万五〇〇〇円。同じ目録には、「織田信長朱印状」(天下布武印)上山城諸役宛が三万円、天平時代の薬師寺『大般若経』一巻が七万円の値段で出品されているので、長崎版画としてはかなりの高額である。反町氏はそれを「宝永頃刊」としており、オランダ船図として最古版の価値を定めたことになる。

いつも通う古書業者の市（オークション）の片隅に、みすぼらしくその古版画は置かれていた。薄汚れてよれよれとして少しの破れがあり、版画専門業者はその様態を目にしただけで通り過ぎてしまう。しかし、歴史資料としての価値は、少々の欠損があっても、肝心な部分がきちっと残っていれば失われない。

これはかなり古いオランダ船図だ。縦図で大判、「紅毛」の文字も珍しい。市の現場で「これは！」と思っても七〇パーセントぐらいの確証で買うしかない、とは

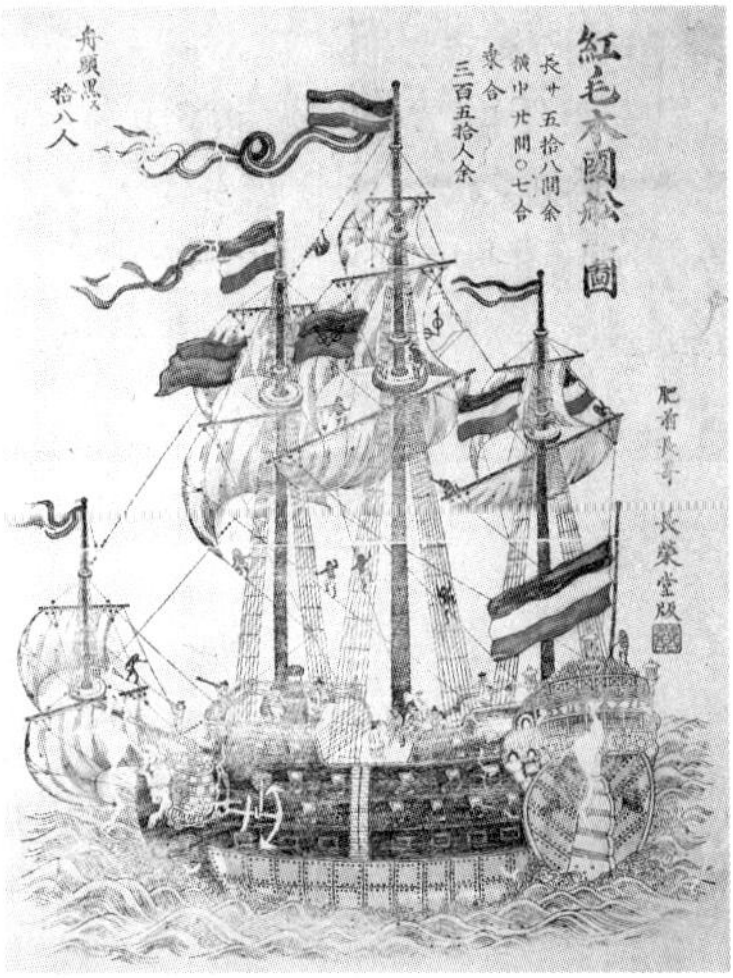

長崎版画、長崎長栄堂版『紅毛本國舩之圖』

前述した。首尾よく入手できたので事務所に持って帰り、調べてようやく本物の確証を得た。まあ、業歴四九年なのでそのくらいの精度での掘り出し物の発見は許してもらえるのかなと思っている。

「漉《す》きはめ」という補修技術がある。紙漉きと同じ原理の作業で、虫食いあるいは破れた箇所のみに和紙原料の繊維を溶かして流し込み、修復する技術で、この機械は日本に数台しかない。穴以外にその繊維は行かないので、両面書写あるいは表裏の印刷物でも文字はかすまない。その補修所に依頼して修復を頼んだ。しばらくして仕上がった状態は予想通りで、版画としてぱりっとして、破れ穴の部分も気にならないほどになった。

ここに、現存最古で刷られたときの元の大きさ（五八・二×四三・五センチメート

ル）の『紅毛本國舩之圖』が出現した。しかも、右側に

肥前長嵜　長榮堂版（印）

の文字が初めて世に出たわけで、この名はこの図以外には知られていない新出の版元であった。刊行期は延享《えんきょう》年間（一七四四～四八年）と目される。

長崎版とされるものに、『万国総図』『万国人物図』正保二年（一六四五）刊がある。その刊記には、

□保　西季春吉辰／於肥州彼杵郡／□崎□□□

とある。卵形図法の『万国総図』は東を上に向けた縦長図で、その四隅上方には「日本舩」「大明舩」、下方には「なんはん舩」「おらんた舩」が描かれている。二図の大きさはどちらも一三五×五九センチメートルほどで、筆彩色の外国船図として

はその濫觴《らんしょう》と言える。ただ、これは京都あたりの版刻ではないかとの説もある。長崎に隠元《いんげん》が来着した承応三年（一六五四）以降、仮泊した興福寺、崇福寺、また福済寺において中国人僧侶らによる「観音菩薩像」などの仏教版画が版刻されていた。

長崎においては、唐絵目利《からえめきき》や沈南蘋《しんなんぴん》（一七三一年来日）、宋紫岩《そうしがん》（一七五八年来日）らによる絵画が制作され、これらの影響で民間の土産絵的な一枚刷りの長崎版画が寛保（一七四一〜四四年）、延享のころから版刻されるようになった。

長崎桜町の針屋与兵衛が延享ころに作成した『唐船之図』（横大）、『阿蘭陀人之図』（縦大）、『唐人之図』（縦大）（いずれも筆彩で四三・五×三二・四センチメートルほど）が最古の長崎版画とされてきたが、この『紅毛本國舩之圖』、版元長栄堂の出現は新たな研究対象となるであろう。

シーボルト、日本での秘密出版物

フィリップ・フランツ・フォン・シーボルトは教科書にも出てくる人物で、江戸時代に来日した外国人としてよく知られている。

江戸時代のいわゆる鎖国時代に、長崎に来て貿易を行っていた西洋の国は、オランダだけである。つまり、オランダ人だけが入国を許されていた。当時は帆船だったので、毎年オランダの根拠地であったバタヴィア（インドネシアの首都ジャカルタ）から南風に乗って初夏にかけて長崎に入港していた。ヨーロッパやアジアの物産を船に積み込んで江戸幕府の管理のもとで日本に売り、代価として輸出用の伊万里焼、蒔絵や棹銅《さおどう》（延べ棒）を積んで北風の吹く晩秋にバタヴィアに戻り、セイロン、南アフリカの喜望峰を回ってオランダに戻っていった。双方とも利益のある魅力ある貿易であった。

現在では日本は鉱山資源の乏しい国と思われているが、この時代は金・銀・銅がよく産出されたので、西欧諸国には、地球の一番東方にある魅力的で神秘的な国と映っていた。東北地方の平泉などの地域での金の産出や、平安後期の藤原清衡《きよひら》による中尊寺金色堂の建立などの噂は中国にも伝わっていた。中国を旅したマルコ・ポーロはその話を『東方見聞録』に記し、「黄金の国ジパング」と伝えた。その本を読んだコロンブスは、地球は丸いから、金の豊富な極東の島国やインドへは西に行けば必ず到達できると信じて、カリブ諸国（西インド諸島）を発見したことはよく知られている。

銀も中国地方の石見《いわみ》銀山などから多量に産出した。ポルトガルを通じて輸出され、江戸時代初期には全世界の銀流通の三分の一は日本からのものという時期があった。徳川幕府は、銀の流出があまりにも多いので、それに代えてオランダとの貿易には銅を充てた。別子《べっし》銅山他からの荒銅は、大坂に集まり、銅精錬が行われた。それが大坂銅吹屋で、その中心の泉屋は住友財閥の祖である。文化年間に住友家が刊行した『鼓銅図録』は、採掘から精錬に至るまでの過程を図示したもので、訪れた幕府高官やオランダ商館長一行に贈られた。

シーボルトもこの木を受け取っていた。実はそのシーボルトは、ヴュルツブルク生まれのドイツ人で、長崎入港のときも、オランダには高地はないにもかかわらず、高地オランダ出身で訛りがある、と通詞に偽って出島に入った。出島滞在の医師には、このようなオランダ人以外の出身者がいたのである。シーボルトの前に来日した、やはりドイツ人のケンペル、スウェーデン人の高名な植物学者ツュンベリーもそうであった。

シーボルトの日本での業績は数多くあり、帰国後に出版した『日本』により、世界的な日本学第一人者の名声を得た。その資料収集のために多くの日本産品をオランダに送ったが、最後の船荷の中に日本地図や三つ葉葵紋付帷子《かたびら》などの海外持ち出し禁制品が入っていたことから取り調べを受け、本人は国外追放のうえ、日本人関係者が厳しい処分を受けたいわゆるシーボルト事件が起きてしまった。

シーボルトはもう一つ隠れた業績を日本に残している。正しい薬物知識を日本人に知らしめるために、『薬品応手録《やくひんおうしゆろく》』（文政九年〈一八二六〉大坂刊）という本を自ら編纂、出版した。一般的にシーボルト鳴滝塾《なるたきじゆく》門弟で塾頭であった高良斎《こうりようさい》が編集したものとされるが、これは純然たるシーボルトの著作で、高良斎がオランダ語から和訳した。今まで蘭書に記されていた薬物に対応する和名が必ずしも一致していなかったので、七五種の薬品の欧名に対応する和名を同定し、二六種の薬品の効用、一〇種の治療法を記述している。それまでは西洋薬物が正しい和名で流通していなかった可能性があり、誤施薬による副作用の危険性も想像される。本の仕様は、約一七×八センチメートルの縦長変形 袖珍本《しゅうちんぼん》（そでに入れて持ち運べる小本）で、薄《うす》様雁皮紙《ようがんぴし》（この高級紙は薄く強靭、辞書のインディア紙のよう）刷り、一六丁。巻末に、

吾シイーボルト先生海ニ航シ茲土ニ来リシヨリ和蘭用薬ノ法始テ明ナリ……先生復其精粋ヲ撰ミ一百餘品ヲ以テ其妙用ヲ尽スコト……今之ヲ梓行シテ以テ同志に示ス……

とあり、後跋末に、

丙戌孟春　播磨高一斎題于大坂客舎

とある。

シーボルトは江戸参府のため長崎を出発する前、高良斎に原稿と出版費用を託し

て一足先に旅立たせ、大坂の書肆からこの本を自費出版した。外国人の出版は許されないので、訳者の高による出版として刊行したのである。いわばシーボルトの日本における秘密出版物だ。

シーボルトは長崎の鳴滝塾で多くの蘭方医、博物学者の指導を行っていたので、その名は日本中に轟いており、江戸参府の途次では、多くのオランダ趣味の蘭癖《らんぺき》大名や医者の訪問があり、贈り物を受けていた。その返礼という意味と、正しい薬物知識の普及もあり、この書を来訪者に渡していた。

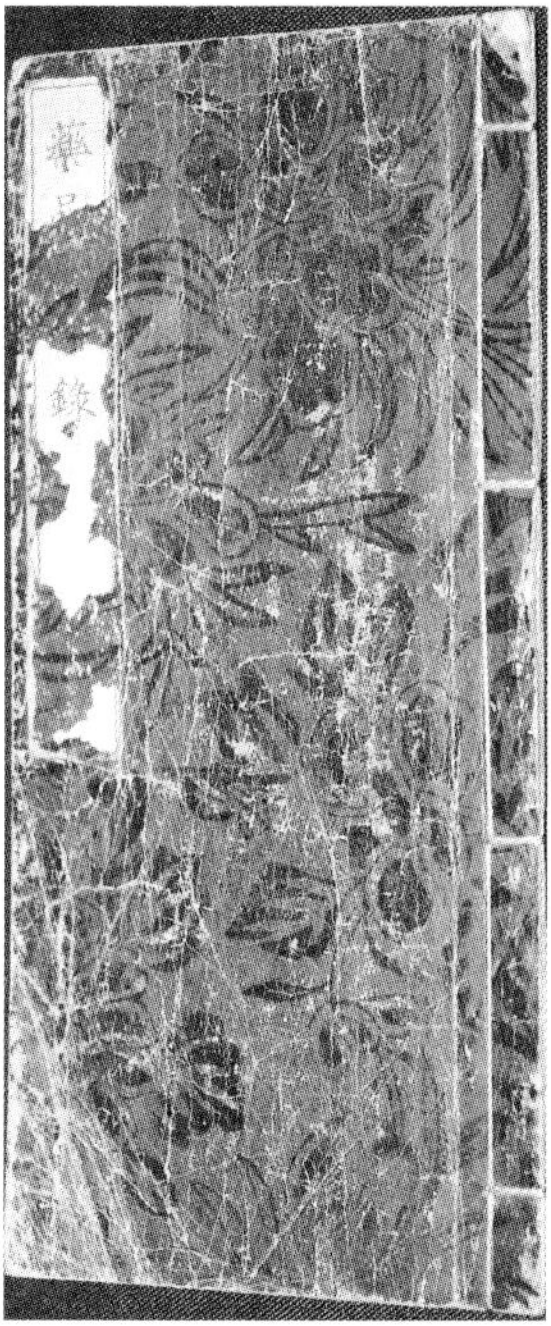
シーボルト著及び刊『薬品応手録』表紙

実は、昭和六三年に東京国立博物館他で開催された日蘭修好三八〇年記念「シーボルトと日本」展で、私はこの本をすでに

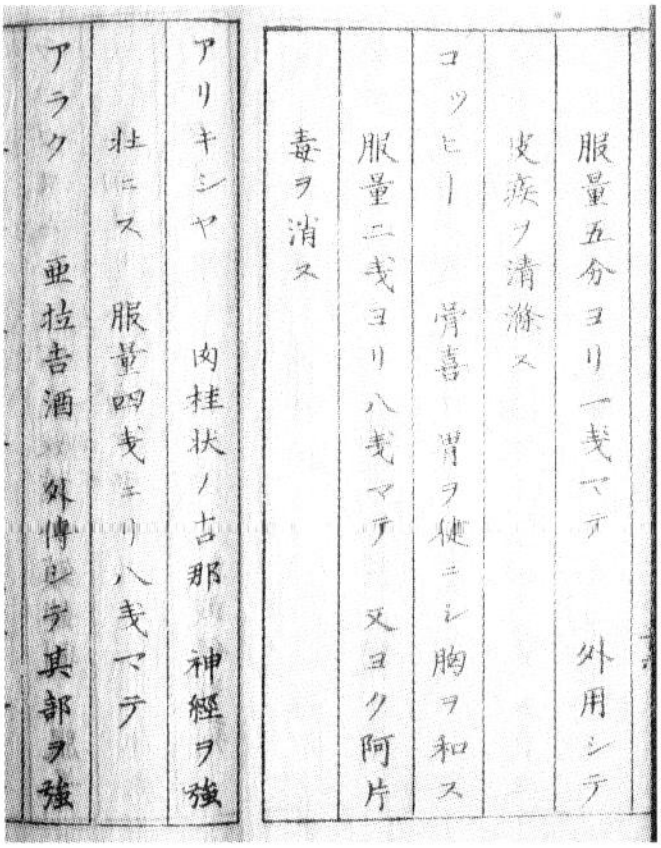
服量五分ヨリ一戔マテ　外用シテ
皮疾ヲ清滌ス
コツヒー　胃喜　胃ヲ健ニシ胸ヲ和ス
服量二戔ヨリ八戔マテ　又ヨク阿片
毒ヲ消ス
アリキシヤ　肉桂状ノ古那　神経ヲ強
壮ニス　服量四戔ヨリ八戔マテ
アラク　亜拉吉酒　外傅シテ其部ヲ強

『薬品応手録』本文、「コッヒー」の部分

見ていた。ハーグ国立公文書館所蔵で小さくも空押し模様が少し輝く黒表紙の魅惑的なものである。そのとき、こういう本があるんだ、と強く目に焼き付いた。展示の本はシーボルトが所持していたもので、見返しには、「……Oosaka 1826 署名」とある。

それから二一年。いつものように古書業者の市に行ってみると、小振りの本三〇冊ぐらいがひと縛りになった一括ものが出ていた。どうやら医書が多いようだ。普段なら紐を解いて全部は見ないのだが、念のために紐を外して一冊ずつ見ていくと、中段辺りに目にも鮮やかな、あの本が出現した。記憶が蘇る。ページをめくるとまったく同じ内容で、巻末も同じである。これは何としても手に入れなければならない。一枚の入札用紙に数通り（入札金額により二〜六通り）書けるので、安い札から高額の札まで入れて結果を待った。案の定、誰も気が付かなかったようだ。下値の札で落ちた。事務所に持ち帰り、展覧会図録で照合すると、間違いはなかった。

本文には、

コッヒー　骨喜　胃ヲ健ニシ胸ヲ和ス……

の記述もあるが、これはコーヒーを日本に初めて紹介した文献でもある。また、

アラク　亜拉吉酒　……内服シテ精神ヲ強発ス

という記述がある。これはナツメヤシ・糖蜜・米を原料とした強酒で、中東からインド・東南アジア各地で常用されていた。バタヴィアより輸入されたアルコール分六〇パーセント前後のもので、シーボルトは標本類の保存にも使っていた。

この書は、西洋薬物の正しい効能紹介とともに海外薬品の日本への輸入促進とい

う、一石二鳥の効果を狙った出版でもあった。当時、二〜三〇〇部刷られたと思われるが、その後日本では、蘭学から英学・独学へと学問が代わり、また薄く、小さいものであったため、ほとんどの本が消失してしまい、現存するものは一〇部以内しか残っていない珍本である。

先祖伝来、伊能忠敬の『大日本沿海輿地全図』の原図

伊能忠敬の実測日本地図の原図が出現した。長い間扱いたいと思っていたものである。伊能特別中図で、「豆州《ずしゅう》相州《そうしゅう》沿海街道並七島図」の原図である。伊能忠敬記念館蔵の伊豆七島特別大図を用い、小田原から下田までの伊豆半島東岸と七島の位置関係を示す地図として作成された。明治末期から大正期の伊能忠敬研究者の家に伝わったものだが、公共機関で保管・研究に供されればと私に託されたのである。

伊能忠敬は、各測量段階においてその都度、幕府に測量図を提出していたが、忠敬の死後三年の文政四年（一八二一）、伊能測量団が完成図として大図（縮尺三万六

〇〇〇分の一）二一四枚、中図（縮尺二一万六〇〇〇分の一）八枚、小図（縮尺四三万二〇〇〇分の一）三枚を幕府に提出した。

この図の正確さは画期的で、以後明治まで日本図として使われ、幕末に沿岸測量に来たイギリス隊も、伊能図がすでにあることから測量をしないで帰ってしまったほどだ。

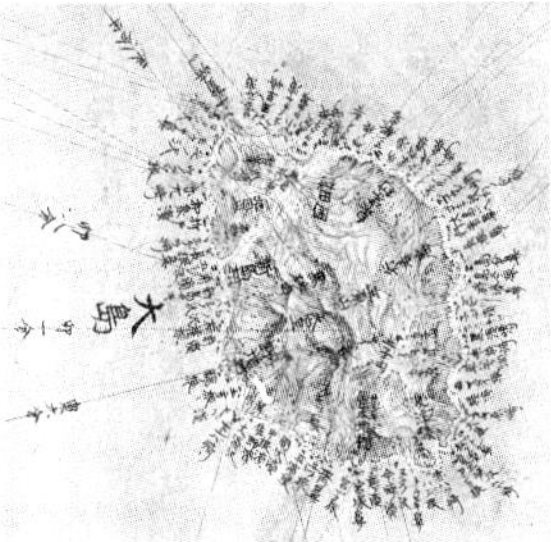

伊能特別中図「豆州相州沿海街道並七島図」の伊豆半島東南部分（上）と大島

幕府に伝わった伊能図は、明治維新後皇居内に保管されていたが、明治六年の皇居火災で灰燼《かいじん》に帰してしまった。伊能家に副本があったので、それが東京帝大図書館に保管されることになったが、これも関東大震災の被害に遭ってしまった。しかし、正副本以外にも控えや下図、写図などが残っていることが次第に解ってきた。平成一三年には、米国議会図書館で大図の写図二〇七枚が発見されるなど、現今で伊能原図を再現できるようにはなっている。

今回出現した「豆州相州沿海街道並七島図」は、伊能図の特別中図原図で、一組の中の中図とは別に作製されたもの。大図にも特別大図が残っている。

江戸時代の平均寿命が四〇歳前後とされたころ、五〇歳から一念発起して大事業を成し遂げた伊能忠敬は、確かに「熟年の星」である。彼の業績はその後一〇〇年にわたり日本に影響を与え続けた。

一七歳で佐原伊能家の婿養子となった忠敬（一七四五～一八一八）は、家業の酒造に励んで倹約をし、薪や米穀の取引も行って家運を盛り立てた。天明の大飢饉（一七八二～八八年）のときは、私財をなげうって地域の窮民を救済し、名字帯刀を許された。

天文・暦学に興味を持っていた忠敬は、四九歳のとき家督を長男に譲り、当時幕府の天文方の第一人者高橋至時《よしとき》（一七六四〜一八〇四）の弟子になるために、江戸深川に移り住んだ。当初は至時も、一九歳年上の忠敬を年寄りの道楽と見ていたが、昼夜を問わず勉学、観測に励む姿を見て、「推歩《すいほ》（天体の運行を推測するために歩くこと）先生」と呼ぶようになった。

当時、幕府暦局の人々の関心は地球の大きさはどれくらいか、ということだった。忠敬は、隔たった二か所から北極星を観測し、その仰角の違いと距離から地球の外周が求められる、と判断した。至時は当時、海防が急務だったこともあり、地図を作るためとして、忠敬が蝦夷地まで行けるように、幕府に許可を求めたのだった。

これが第一次測量で、忠敬五五歳（一八〇〇年）のとき、内弟子三人、下僕二人を伴って奥州街道を仙台、盛岡、青森と進み、津軽半島三厩から蝦夷地吉岡に渡り、箱館から南岸を東に進み室蘭、襟裳岬から根室近くの西別に至り、六か月間の測量を遂行した。以下、第二次測量（一八〇一年）は東北東部、伊豆、第三次測量（一八〇二年）は東北西部、第四次測量（一八〇三年）は東海、北陸を行った。文化元年（一八〇四）に日本東半部沿海地図の初図、『歴尾州赴北国到奥州沿海図』大図（縮尺三万六〇〇〇分の一）六九枚を江戸城大広間で将軍家斉に上覧したところ、幕閣からも絶賛され、引き続いて西日本の測量も命じられて日本沿海全体図作成となり、それまで自費を投じていた（費用の八割ほど）が、幕府直属の事業となった。

忠敬が観測から割り出した地球の外周約四万キロは、蘭書の数値と同じであるだけでなく、現在の数値と一〇〇〇分の一しか違わない正確なもので、忠敬の仕事をバックアップしていた至時も大いに喜んだが、至時は将軍上覧の半年前に四〇歳で逝去した。以後、天文方は息子の景保《かげやす》に受け継がれ、忠敬を援護した。自費のときは隊員も六〜八人だったが、以後は一一〜一九人になった。

第五次測量（一八〇五〜〇六年）は畿内、中国、第六次測量（一八〇八〜〇九年）は四国、第七次測量（一八〇九〜一一年）は九州南部、第八次測量（一八一一〜一四年）は九州北部・中部・島部、第九次測量（一八一五〜一六年）は伊豆七島（忠敬高齢で不参加）、第一〇次測量（一八一五〜一六年）は江戸府内と巡り、ついに日本全

国測量を達成したのだった。それがどれほど苛酷であったかは、娘宛の手紙で「(一〇年も歩き続け）歯はほとんど抜け落ち一本になってしまい、奈良漬けも食べられない……」と吐露していることや、相棒であった測量隊副隊長がチフスにかかって死んだことなどからわかる。事業の達成後、忠敬も肺を患い、七三歳の生涯を閉じた。

景保や弟子たちは忠敬の死を伏せて、地図の完成を目指した。文政四年（一八二一）に幕府に献上された『大日本沿海輿地全図』は、間宮林蔵の蝦夷・北蝦夷測量を加えた、大図二一四枚、中図八枚、小図三枚の壮大なものであった。

その間景保は、文化六年（一八〇九）に忠敬や林蔵の測量を基にした『日本辺界略図』（『新鐫《しんせん》総界全図』の対図）を少部数銅版刷りで試作しているが、後に伊能小図から写した日本図をシーボルトに手渡したことなどから捕縛され、獄死（一八二九年）した。

第四章　古典籍、古文書は歴史の窓

カラオケでノドをからした後白河法皇の『梁塵秘抄』

東京の古書の業者市では毎週、日本全国からいろいろなものが集まってくる。主要都市にも業者市はあるのだが、東京が一番落札価格が高くなるので集中するのだろう。その中の東京古典会の市は、和本を主として扱っている。和本は江戸時代以前の和綴じ本だが、木版刷りの版本と墨で筆写した写本に分けられる。残存の割合だが、半々もしくは写本の方が多いかもしれない。世界中で写本がこれだけ多量に残っている国は他にない。写本の場合、著編者の原本、原本や版本を写した転写本がある。原本と転写本では、価値として雲泥の差がある。古書業者は、市の多量の出品物の中から、その見分けをしなければならない。

しかし、転写本といえども貴重なものもある。例えば平安時代の『源氏物語』。これは紫式部が書いた原本は存在しない。今ある源氏物語の写本は、鎌倉時代以降の転写本である。数ある転写本を突き合わせて、原本の本文がどのようであったかを推測・研究するのが、国文学者の仕事である。

そんなに写本が多いとなると、市でも五〜一〇冊を束にして出品されることがある。江戸時代のものとはいえ、そのほとんどはそんなに価値がない。しかし古書業者は、どんなすごいものがその束に入っているかもしれないので、紐を解いて一冊ずつ目を通していかなければならない。数が多いと全部は確認できないこともある。外形を見てパスすることもある。

このときは、たまたま丹念に見たのであるが、五冊くらいの薄い写本の束が目の前にきた。中の一冊に「梁塵秘抄《りょうじんひしょう》」とある。これは、噂に聞いていたあの本かな？と目を見開いた。業者市で見かける『梁塵愚案抄《ぐあんしょう》』とは別の本である。

古書業者はよく、先輩・同輩・後輩が連れ立って食事をすることがある。私の場合も、気の合う先輩から誘われて、よく食事に行った。そんな折その先輩から、「梁塵秘抄」という歌謡の本があるけれど、ほとんど残存しないので、そんな本が出たらすごいよ、と聞かされていた。そんな言葉は頭にこびりついているものだ。

この本、「梁塵秘抄」と表紙に題名があるけれど、そんなに古い写本ではない、江戸時代のものだ。しかし、先輩から聞かされていたその題名だし、これは買うし

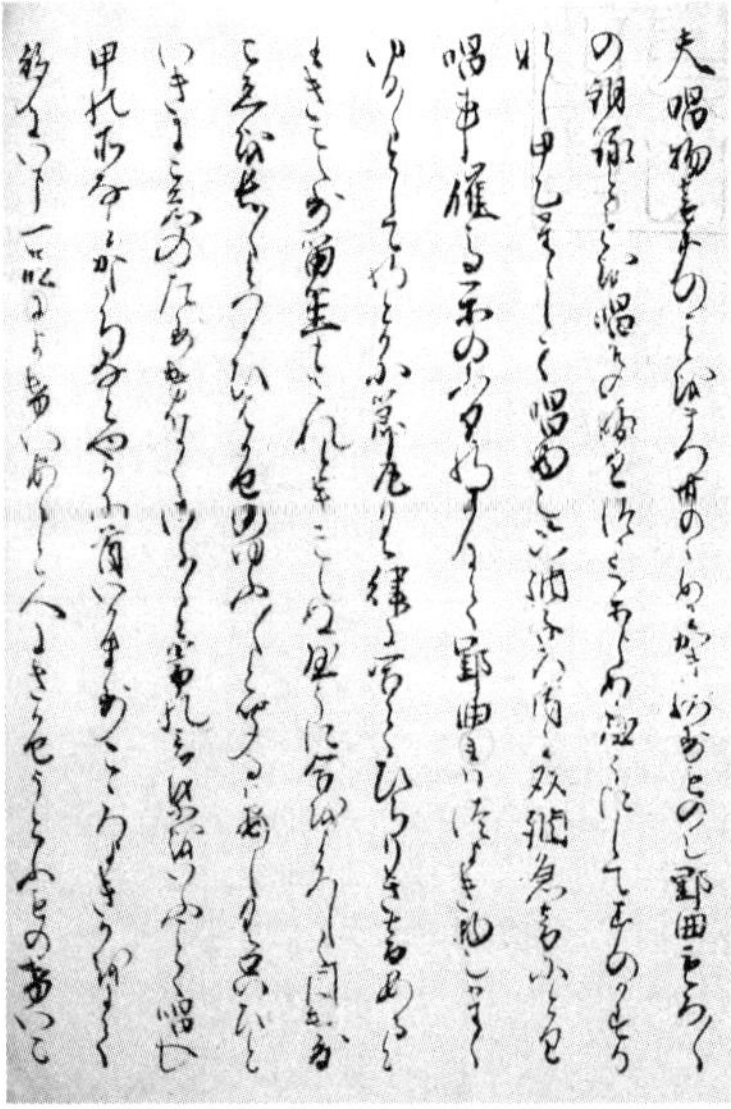

『梁塵秘抄 口伝集』巻11、巻頭部分

かない。と思って低い値段から高い値段まで、幅を持たせて札を書いた。他の業者はその本のことを気が付かなかったようで、中ほどの値で落ちてきた。

事務所に帰ってさっそく調べてみると、やはりすごいものであった。

平成二八年七月八日の朝日新聞夕刊に、「梁塵秘抄『口伝集』の江戸期の写本、発見」と写真入りで報道された。

発見された本の表紙には、「梁塵秘抄 郢曲抄《えいきょくしょう》」とあり、『口伝集』の巻一一に当たるもの。江戸時代の写本、大本、八丁、巻首上に「魚山《ぎょざん》之印」朱印がある。奥書に、

宗淵僧都自筆也 大原勝林院秀雄大僧都所蔵……

とあることから、声明《しょうみょう》道場として著名な京都の大原勝林院の僧宗淵が書写し、同院の秀雄が所蔵していたことが解る。

本文は、

夫唱物音声《うたいものおんじょう》の事を、まつ世のために書残すものなり。郢曲もろ〱の朗詠どもを唱。そのふりつよからぬやうにして、声のかすりなく、甲乙たゞしく唱ものなり。六調子の内に、双調《そうじょう》急音にとり唱事、催馬楽《さいばら》のふりの声ににて、郢曲はつよきものなり。……郢曲、神楽《かぐら》、今様《いまよう》、催馬楽、足柄《あしがら》、片下《かたおろし》、田哥《たうた》など、ひとつ音声うたひ、未練の内は、皆ゝ一様に唱など〱いふこと、をかしき事なりと歌い方が記されている。

後白河法皇（一一二七〜九二）は頼朝より、「日本国第一の大天狗」と言われたほどの、政治的な大策略家であったが、他方今でいう流行歌、歌謡が一〇代のころより大好きで、昼夜を問わず大声で歌ったので、生涯のうちで三度ノドをからしてしまったと自ら記している。歌の上手がいると聞けば召して聞き、市中からうまい歌声が聞こえると、旅芸人であろうと何人でも招き入れたとのことだ。

『梁塵秘抄』は後白河法皇の編纂で、『梁塵秘抄』一〇巻と『梁塵秘抄　口伝集』一〇巻からなる。ところが、長い歴史の中で、原本はおろか、写本まで失われて、『口伝集』の巻一〇のみが江戸時代に集成された『群書類従《ぐんしょるいじゅう》』に本文として収められた以外は、知られていなかった。明治末年から大正時代にかけてようやく、『梁塵秘抄』巻二の写本が出現し、続いて巻一の抄出及び『口伝集』の巻一断簡が発見された。その後、歌人・国文学者の佐佐木信綱が『口伝集』巻一〇及び巻一一〜一四の五巻を市場（古書店か）で見つけて入手した。これらは、その後佐佐木が研究して、岩波文庫本佐佐木信綱校訂『梁塵秘抄』にまとめられた。『口伝集』巻一一

～一四は後白河法皇の編んだものではないが、同書に関わりのある内容なので、『梁塵秘抄』に入れられている。

平安時代末期に、雑芸《ぞうげい》時代とも言われる一時期があった。後白河法皇は、好きな歌謡を集成しておくため治承《じしょう》年間ころ（一一八〇年前後）に『梁塵秘抄』を編んだ。この題名の由来は『秘抄』巻一に、

梁塵秘抄と名づくる事、虞公韓娥《ぐこうかんが》（古代中国の二人の美声の持ち主の例え）といひけり。こゑよく妙にして、他人のこゑおよばざりけり。きく者めで感じて、涙おさへぬばかり也。うたひける声のひゞきにうつばりの塵たちて、三日ゐざりければ、うつばりのちりの秘抄とはいふなるべしと云々

と記してある。

『口伝集』巻一〇には、

神楽、催馬楽、風俗《ふぞく》、今様の事の起より初て、婆羅林《さらりん》、只の今様、片下、早哥《はやうた》うたふべきやう、初積《はつづみ》、大曲《だいごく》、足柄、長哥《ながうた》を始としてやう〳〵の声かはるやうの歌、田歌に至る迄しるし終りぬ。かやうの事一様ならねば、後にそしること多からむか。それをしらず。故事をしるし終りて、九巻は撰び終りぬ

と編纂の経緯を示している。続けて、

よむ歌には、髄脳《ずいのう》（源俊頼の和歌奥義書）打聞《うちぎき》など云て、多くありげなり。今様には未ださる事なければ、俊頼が髄脳をまねびて是を撰ぶところなり。そのかみ十余歳の時より今に至る迄、今様を好みて怠る事なし。……夜はよもすがら唄ひ明さぬ夜はなかりき。夜は明れど戸蔀《とじとみ》をあげずして、日出るを忘れ日高くなるをしらず、其声をやまず。……四五人七八人男女ありて、今様ばかりなる時もあり、……声をわる事三ヶ度なり

と、哥に没頭する様子が述べられている。
有名な哥では、

遊びをせんとや　生れけむ
戯れせんとや　生れけん
遊ぶ子供の　声きけば
我が身さへこそ　動がるれ

があり、

此の頃京《みやこ》に流行《はや》るもの　肩当《かたあて》腰当《こしあて》烏帽子《えぼし》止《どめ》
襟の立つかた　錆烏帽子
布打の下の袴　四幅《よの》の指貫《さしぬき》

などの流行哥もある。

『梁塵秘抄』は、長唄、古柳《こやなぎ》、今様、法文哥《ほうもんのうた》、四句神哥《しくのかみうた》、二句《にくの》神哥などで、七五調四句、八五調四句あるいは五七五七七の調子もある、様々な形態を持った歌詞集で一〇巻。『梁塵秘抄口伝集』は、哥の種類や撰者後白河法皇の今様への関わりも記されて一〇巻。後にこれらに関わりがあることから、『口伝集』巻一一〜一四（現存この巻まで）も『梁塵秘抄』に加えられた。

声明と歌謡は密接な関係があるが、声明の一大拠点である魚山大原寺は、往生極楽院、勝林院、来迎院《らいごういん》からなり、朝廷や公卿、あるいは足利義満、浅井《あざい》長政、明智光秀、徳川家康らとも密接な関係があった。

日本のGDPから国家戦略を見定めた甘藷先生青木昆陽の直筆書

東京神田の東京古書会館では、月曜日から金曜日まで六つの業者市が開催されているが、毎週金曜日と土曜日に会館の地下で催される古書展示即売会とは別のもの。それはあくまで一般向けの展示即売会である。

東京都古書籍商業協同組合は、令和二年に創立百周年を迎えた。東京古書会館は、現在の建物が四代目で、八階建てのビルであるが、一六年前の建て替えのとき、約一年間は、神田錦町の中小企業施設ビルに間借りしていたことがあった。

通常の業者市とは別に、明治古典会、東京古典会の市会は年に一回ずつ、それぞれ七月と一一月に大入札会と称して、貴重文献、珍しい史料を集めた一般下見展観の大市を催す。これは出品目録を作成して全国に配布し、会場では一般の人が自由に手に取って下見をし、希望によって入札を古書業者に託することができる市である。

その間借り中の場所で行われた東京古典会大入札会に、青木昆陽《あおきこんよう》の直筆書が出品された。江戸時代以前のいわゆる和本・古典籍と呼ばれる和紙・和綴じ本は、木版で刷られた版本と写本がある。写本の場合、著者の直筆本であるか、転写本であるかの判断が非常に難しい。甘藷《かんしよ》先生として著名な青木昆陽の筆致はそれまで見たことはなかった。その場合、何か所かの証拠を確認して、本人の書である可能性を見極めることになる。

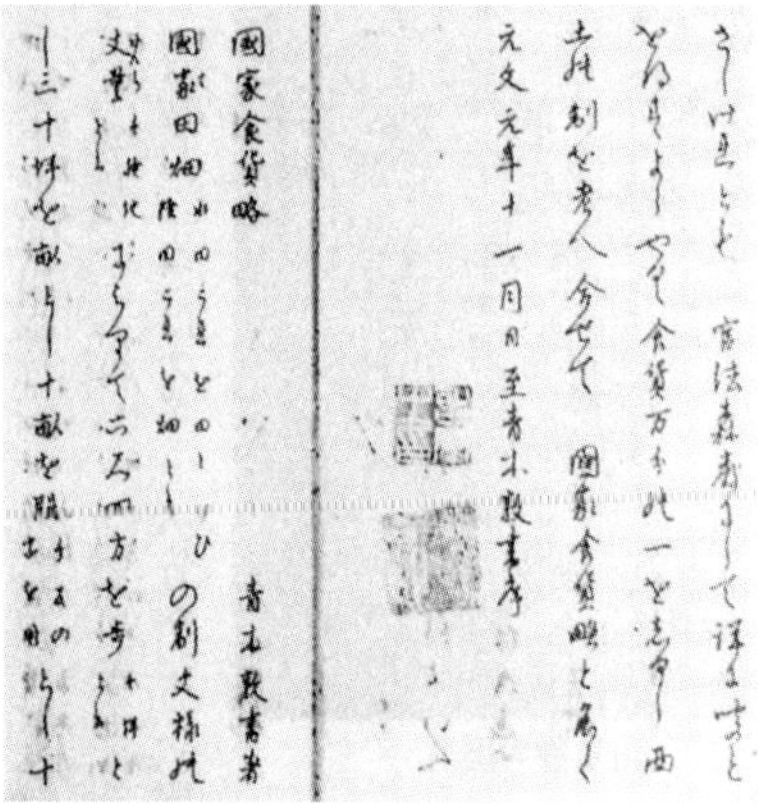

青木昆陽自筆本『国家食貨略』序末、本文巻首部分

その下見に、『国家食貨略』と『国家金銀銭譜』が出ていた。まず『食貨略』を見ると、「青木敦書《あつのり》序」と序文末に記され、横に「敦書之印」朱方印が捺されている。序文末の署名は転写本にもよくあるもので、直筆とは限らず、また、朱方印も偽印が作られることはしばしばある。ここまででは昆陽自筆本とはとても確定できない。しかし、表紙見返しに「青木文蔵差出ス」との別筆の書き付けがあった。確か昆陽は幕府に取り立てられ書物奉行にまでなっているなどといろいろ思いを巡らす。そうか、この書は昆陽が幕府高官に報告するために差し出したもので、おそらく直筆に限りなく近いものだろうと、ぱっとひらめいた。

二日間の下見の翌日に業者による入札会が催された。お盆にのせられた件の書が目の前に回ってきた。これは是が非でも手に入れたい。入札紙にかなり高めの値から相当低い値まで（ただし大市の入札最低値は一〇万円）四通りを書いた。他の入札物を見ながら、その書の落札発声を待っていた。幸いにも、一番低い下札で落ちてきた。誰も気が付かなかったのか。まずは一安心である。

入札から数日後、国立公文書館へ調べに行く。ここには内閣文庫も含まれ、旧幕府の紅葉山文庫旧蔵本も収蔵されている。しかし、紅葉山文庫の多くは、明治六年の皇居火災によって焼失してしまった。果たして青木昆陽の自筆本は残っているのだろうか。

国立公文書館には、『国家金銀銭譜』延享三年（一七四六）の写本があった。閲覧請求すると、その本が目の前に出てきた。序文には、手元の副本が火災にあったので、反故草稿を頼りに編んだ、と記載されていた。他にも昆陽自筆の書が数点あった。これらも閲覧すると、コピーしてきた昆陽の筆跡とまったく同じであった。かくしてこの二点は青木昆陽の自筆と断定できた。

『国家食貨略』、これは今まで書名は知られていたものの、写本も存在しない唯一の直筆本である。二点とも幕府高官に提出されたが、官庫には収蔵されず、民間に転々として伝わってきたものなのだろうか。

青木昆陽は、大槻玄沢《おおつきげんたく》がその著『六物新志《ろくもつしんし》』の中で、「和蘭学の一途、白石新井先生に草創し、昆陽青木先生に中興し、蘭化前野先生に休明し、鷧斎《いさい》杉田先生に隆盛す」と記しているように、オランダ語を習得して、後世に蘭学が興るきっかけを作った人物として知られている。また、救荒食物としてサツマイモの栽培を普及させ、「甘藷先生」として今日に至るまで有名である。

青木昆陽（一六九八〜一七六九）は名を敦書、字は厚甫《こうほ》、通称文蔵といい、昆陽は号。江戸日本橋小田原町の魚問屋に生まれ、家業を継がずに、二一歳のとき京都の古学派伊藤東涯《とうがい》に入門した。昆陽はここで実学に心を寄せ、経世の学を修めた。二年余り学んだ享保六年（一七二一）暮れ、両親が住む家が類焼したので江戸に戻り、八丁堀に私塾を開いた。塾とはいえ寺子屋のようなもので、門閥の家柄ではないために学者として立身する機会もなく、貧しい生活を送っていた。

享保元年に紀州藩主より将軍となった徳川吉宗は、伊勢の山田奉行として才気を発揮していた大岡忠相《ただすけ》（のちの越前守）を登用した。たまたま昆陽の住む長屋の大家兼地主は、町奉行となった忠相に従って伊勢松坂から江戸に来た加藤枝直《えなお》だった。自らの家を芳宜園《はぎぞの》と称していた枝直は歌人で、江戸に来た賀茂真淵の保護者であり、その門弟でもあった。息子の千蔭《ちかげ》もまた真淵の門人である。枝直は、忠相の配下で吟味役となり、のち与力となった。享保一八年（一七三三）に枝直は、両親の死（享保一一年に父、同一五年に母を亡くしている）に際し、三年の喪に服して忠孝を示したのち、学識高かった昆陽を忠相に推薦した。昆陽は、遠島の地や飢饉時の救荒食物としてサツマイモの栽培に腐心し、享保二〇年に『蕃藷考』を書き上げて忠相に提出した。これは、西国にあったサツマイモの利点一三か条と栽培法を述べたものである。

その名声が吉宗にも聞こえて、昆陽は薩摩芋御用掛となり、苦心工夫の末、小石川御薬園などでの栽培に成功した。その後、昆陽は幕府から書物御用、写物御用を命ぜられ、官の書庫を自由に出入りできるようになった。むさぼるように諸書を繙《ひもと》き、著したのがこの『国家食貨略』、『国家金銀銭譜』である。両書の序文には

「元文元年十一月日」（一七三六）の日付があり、民間人が官の書庫本を手にすることができるのは、中国では一例しかなく、我が国では例がない、とその感激が記されている。

『国家食貨略』には、田法、諸税、戸口、宝貨、封地、大名、国用、田畑検地、御料、代官、水帳、年貢、通行手形、海運、陸運、運上、里程、宗門改《しゅうもんあらため》、人別帳《にんべつちょう》、諸藩石高、金銀銭、各年の金銀吹替、金銀銅銭交換率、城々に米穀貯える制、飢饉、火災の際の町人への救済米、明暦の大火では一〇万二一〇〇余人も死亡して仮小屋で粥を施し、町人へ銀壱貫目宛給わったことについて、また、正徳の人口が三〇〇〇万人とも記され、前年に自身に対し、養生所空地での甘藷栽培の命が下ったことも録している。真に、日本全体の生産力であるＧＤＰを見定め、国家戦略を決めるうえでの基礎資料を作成したのだった。

『国家金銀銭譜』では、流通している貨幣の形状について詳しく記し、細部にわたり再現した原寸大の図形も自身で描いている。元文改鋳にも関わる重要な内容である。昆陽は忠相の知恵袋となっていたのだろう。

この二著には、「青木敦書序」の署名があり、「敦書之印」朱方印他が捺されている。見返しにある「青木文蔵差出ス」の文字は、枝直か忠相の筆跡か。
元文五年（一七四〇）ごろ、昆陽は幕医野呂元丈《のろげんじょう》とともに吉宗からオランダ語の習得を命ぜられ、江戸参府の蘭人や通詞たちから直接学んだ。また、明和四年（一七六七）には書物奉行に任じられた。

オランダ人が神社に奉納した珍酡酒とは？

さて、「珍酡酒《ちんだしゅ》」とは何だろう？
手元に一通の文書があった。これも業者市で入手したものだ。

進上
一　尺長弁柄嶋　三端
一　尺長大かいき　弐端
一　尺長嶋大かいき　弐端

一　尺長鷹羽嶋　弐端
一　珍酡酒　一徳利
　　以上
二月十二日　かひたん　きりすてやんぶれいばるこ
　　　　　　　　　　　C van Vrijberghe

文書が入っている包み紙の表書きには、

享保時代　賀茂社司清茂筆
かひたん　きりすてやんぶれいばるこ　賀茂神社へ献納目録

とある。

これは、享保三年（一七一八）春、将軍徳川吉宗に謁見のために江戸に向かっていた、長崎オランダ商館長一行が瀬戸内海の室津《むろつ》（兵庫県南西部）に停泊した際、地元の賀茂神社に立ち寄って献納した物品目録である。

ここに、「珍酡酒」と書かれている。「珍酡酒」は「珍陀酒」とも書かれる。江戸時代以前にポルトガル人が日本にもたらした赤ワインで、ポルトガル語で「Vinho Tinto（ヴィーニョ・ティント）」という。江戸時代にオランダから輸入された赤ワインにもこの名が使われた。

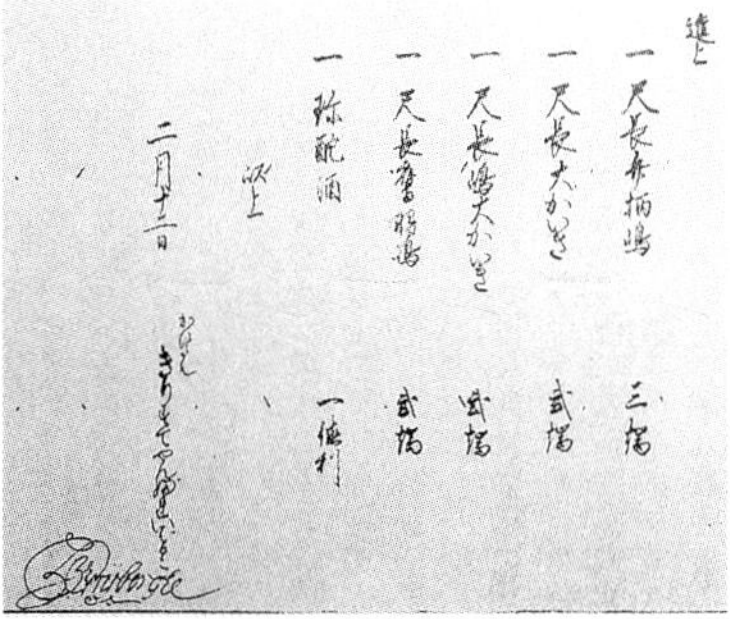

オランダ商館長フレイベルフの室津賀茂神社への献納目録

署名者のクリスティアン・ファン・フレイベルフは、前年の一〇月から一年間在職した商館長である。文書は和紙なので、自署は墨筆で書かれている。

長崎オランダ商館長一行の江戸参府では、オランダ人の旅中の安全はもちろん、豪奢な将軍への献上品を始めとする膨大な品々を損傷なく運ばなければならなかった。付き添いの大通詞は、もし献上品に破損があると、その責任を負い、免職に加えて禁錮の罪に及ぶこともあった。

江戸では将軍はじめ、世嗣及び老中など幕閣、諸奉行へ贈り物をしたが、途中の大坂でも町奉行、城代に、京都でも町奉行、所司代にそれは欠かせなかった。もちろんオランダ商館長はそれらに対する返礼を受けた。

この文書により、その他の地でも贈り物がなされていたことがわかる。

室津は瀬戸内海の重要な港で、風雨の避難港としてのみならず、西国大名が参勤交代をするときの本陣、脇本陣もあり、京都賀茂社から勧請された賀茂神社が鎮座していた。室津はケンペル著『日本誌』にも図版で紹介されている。この神社には、寛政一一年(一七九九)に長崎の回漕業者西山儀助・上田力蔵が奉納した絵馬「蘭船図」があり、後に訪れたシーボルトも絶賛した。これは長崎の洋風画家若杉五十《わかすぎい そ》八《はち》筆との説もあるが、描き方などの特色からすると別人の作のようだ。

学識のある医師を含む商館長一行は、儀礼的な歓待の他、各地で蘭学者など多くの訪問者との交歓を楽しんだ。そのようなときに振舞われたのが、珍酡酒であり、アラキ酒(前述のアラク、Arak と表記。蒸留酒にシナモンなどで香気を付けた酒でアルコール分六〇パーセント前後）だった。

オランダ商館長ドゥーフは、長期間の長崎滞在中に三度江戸参府に行っているが、二回目のときの回想に、「私は一八一〇年に第一の天文家高橋作左衛門景保と特別の知友となった。この人たちは二時ごろに来て、夕刻まで居るのを常とする。我々はなるべく慇懃にこれと応対し、リキュールや菓子などで接待した」とある。後に景保は、前述したように文政一一年のシーボルト事件に関与し、獄死してしまった。

文政九年（一八二六）のシーボルト江戸参府の折には、多くの学識者、蘭癖大名が面会を申し出たが、島津重豪《しげひで》（薩摩藩主）と奥平昌高《おくだいらまさたか》（中津藩主、重豪の次男）は、江戸の入り口大森まで出迎え、旅亭でオランダ語を交えた歓待をした。特に昌高はドゥーフ来日前後から蘭学を学んでいて、流暢なオランダ語を話したといわれ、ドゥーフ宛の流麗な草書の書簡も残っている。その後、昌高は藩主の立場でオランダ商館長に面会することを禁じられたため、次男の昌暢《まさのぶ》に家督を譲ったほどだった。

吉田松陰直筆「野山獄文稿」断簡

これも業者市に出たものを、真贋を吟味して入手した。

文書の題名は「書甲寅《こういん》囒頓《ロンドン》評判記後」（ロンドンはイギリスのことを指す）。吉田松陰が、当時の海外の知識を記した書物の白眉、魏源《ぎげん》の『海国図志《かいこくずし》』の一節を読み、感想を記したもので、文末に「乙卯七月」（安政二年）とある。「松下村塾記」と同じ形式で書かれ、友人土屋蕭海《しょうかい》の朱書入れがある。

嘉永六年（一八五三）六月三日、ペリー艦隊が浦賀沖に来航する。偶然のなせる業だろうか、すべてはここから始まった。名を寅次郎と改めた吉田松陰が五月二四日に江戸に着いた直後のことだった。黒船の噂を聞き、すぐに浦賀へ向かった。艦隊の圧倒的な軍事力を目の前にして松陰は、幕府が平素何らの準備をせず、事ここに至ったことに忸怩《じくじ》たる思いだった。続けて長崎にロシア艦が入港したとの報に、松陰は世界の情勢を知るべく密航を決意した。友人の桂小五郎の賛同も得て、すぐに長崎に急行したものの、その船はすでに立ち去った後だった。

翌嘉永七年（一八五四）正月にペリーは再来した。松陰は意を決して師の佐久間象山を訪ね、その応援、指図を受けて、門人金子重之助とともに下田に向かい、三月二七日深夜、伝馬船で近づき乗船して交渉したものの、幕府との和親を望むペリーはそれを拒絶した。松陰、重之助は潔く自首したことから江戸の未決囚の獄につながれ、九月一八日の裁決後は国許に移り、萩の野山獄《のやまごく》に入れられた。

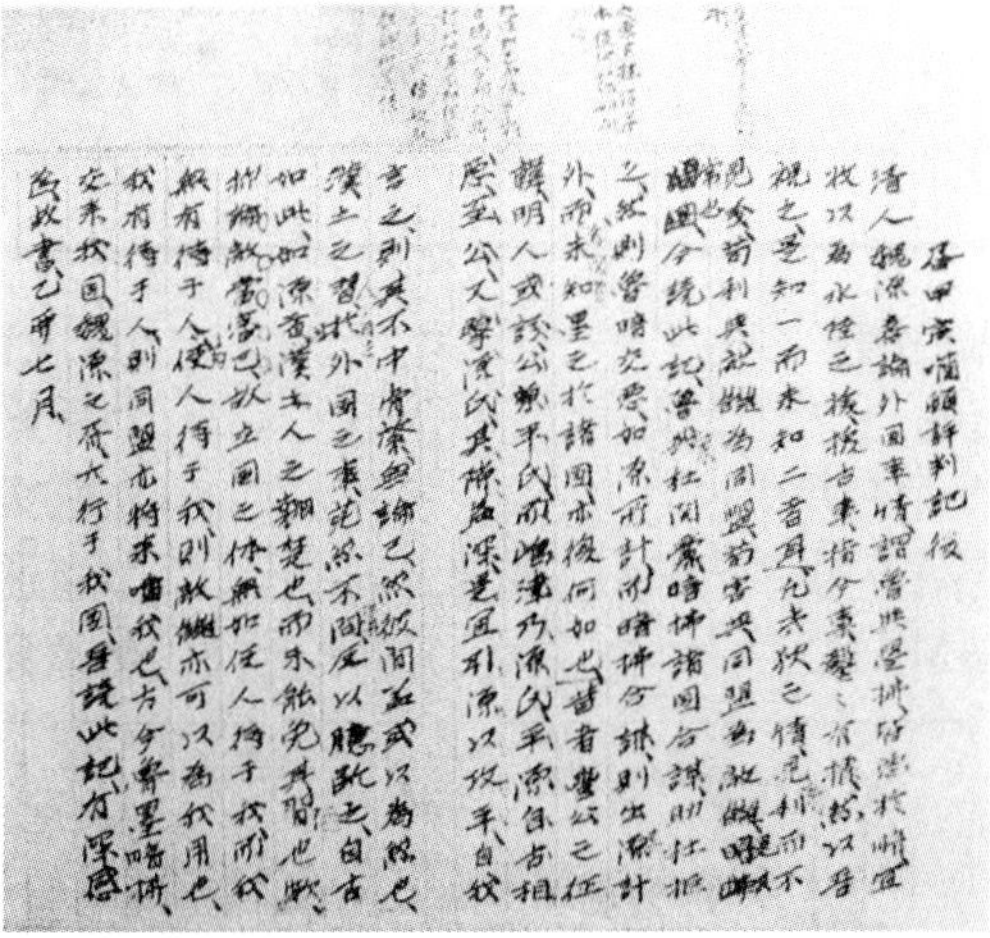

吉田松陰自筆「野山獄文稿」断簡

　吉田松陰（一八三〇〜五九）は、長州萩の松本村の下級武士杉百合之助の次男として生まれた。名は矩方《のりかた》、通称は虎之助、後に大次郎、松次郎。天保五年（一八三四）、五歳のとき叔父吉田大助賢良の養子となったが、翌年の大助の死去に伴い、山鹿《やまが》流兵学家を継ぐこととなった。

以後、実父百合之助及び叔父玉木文之進《ぶんのしん》から厳粛なる教育を施されたが、天賦の才があったのだろう。松陰は次々と習得して、同九年には藩校明倫館に家学教授見習として上がり、翌年一〇歳にして初めて明倫館に出勤し、家学を授けた。

松陰の英明さは藩主にも聞こえ、一一歳のとき藩主の前で『武教全書戦法篇三戦』を講じて以来その信任を得て、嘉永四年（一八五一）まで家学、中庸、孫子等を再三にわたって進講した。

同年三月藩主に従って、松陰は江戸に留学する。安積艮斎《あさかごんさい》、山鹿素水《そすい》、佐久間象山らに教えを請うた。しかし、その年の一二月にある事情で宮部鼎蔵《みやべていぞう》、江幡五郎とともに亡命して東北行に出てしまい、その罪で翌年一二月に御家人召放《めしはなち》、世禄を奪われ、浪人となってしまった。世情に憤懣を持つ松陰としては、自由な身となった方が自身の思想を貫け、むしろ幸いだったのだろう。嘉永六年正月にさっそく諸国遊歴の途につき、五月に江戸に至った。

松陰が野山獄に捕囚されていたのは、安政元年（一八五四）一〇月二四日から翌年一二月一四日までのことである。獄中生活は、湿気、酷暑、厳冬に耐えれば勉学に勤しめる環境だった。野山獄は武士の獄で、松陰は最年少だったが、同囚の人たちを励まし、時事を講じ、読書会を開き、「獄舎問答」を作って、他の獄にはない向学心を囚人に植え付けた。

松陰の読書量は驚異的で、獄中にいた間で延べ約六〇〇冊を数えた。月平均四五冊前後の計算になる。実兄梅太郎が奔走して松陰に供給したものだった。松陰は感謝をしてこれを読み、書き抜きや感想を書いた。「書甲寅囒頓評判記後」もこのとき書いたもので「野山獄文稿」の一つ。

現存する『野山獄読書記』によると、『延喜式《えんぎしき》』、『日本外史』、『信玄全集』、『本朝武林伝』、『織田軍記』、『信長記《しんちょうき》』、『皇朝史略』、『本朝女鑑』、『古事記伝』、『神皇正統記』、『藤田東湖詩』、『海防備論』、『朝鮮物語』から、『文選《もんぜん》』、四書五経の類、『資治通鑑《しじつがん》』、『天工開物』、『蒙求』、『三国志蜀』、『三国志呉』、『韃靼勝敗記』等の書名が見られる。

また、海外の知識を得るためのものとしては、『海国図志』、『坤輿図識《こんよずしき》』、『地学正宗《ちがくせいそう》』、『和蘭兵書』、『西洋列国史略』、『訂正増補采覧異言』、『魯西亜風土記』、『新製万国輿地図説』、『喫咭唎紀略』の他、『増訂内科撰要』、『済生三方《さいせいさんぽう》』、『医戒』、『遠西医方名物考』などの医書もあり、読書の範囲は広かった。

後に松陰は、病気療養を名目として実家杉家に移され、松下村塾を再興して、久坂玄瑞《くさかげんずい》、品川弥二郎、高杉晋作、伊藤俊輔（博文）、山田顕義、山県有朋、桂小五郎ら明治維新を動かした人物を輩出したことは言うまでもない。

龍馬の手紙、鑑定秘話

「竜馬の手紙競売に」！

という見出しで、平成一六年七月九日の読売新聞、東京新聞及び地方各紙の朝刊が速報し、ＮＨＫでも報道された。

坂本龍馬の手紙は現在一四〇余通あることが知られているが、オークションに出てくると非常に高くなる。もちろんその内容、宛先などの要素によって値段の高低はある。

現今、歴史上の日本人で人気のある人物として上位にあるのは、

・坂本龍馬
・織田信長
・豊臣秀吉

が挙げられるが、その手紙、書状でもこの人気を反映した価格になっていく。武将の場合、自筆か祐筆《ゆうひつ》（代筆秘書）書きかによっても相当な価格の開きがある。

平成一六年七月一一日の明治古典会大入札会に出品された手紙は、龍馬が母のように慕っていた土佐に住む姉の乙女宛のものだった。龍馬は肉親宛では、何でも赤裸々に自分の気持ちを口語体で書いた。

手紙は、文久三年（一八六三）八月龍馬が江戸にいたころに書いたもので、江戸の北辰一刀流千葉定吉道場に通っていた、一〇年ほど前の一九歳のとき、道場主の娘佐那を見初めてから、ずっと思いを寄せていたことがわかる。土佐には幼馴染みで許嫁のような存在の平井加尾がいたが、龍馬は気が多く、このころには佐那と婚

約していた。しかし、龍馬は亀山社中や海援隊の活動で忙しく、江戸にも行けずに疎遠となり、そのうちに暗殺されてしまった。妻のおりょうとはこの手紙の翌年ころに知り合っている。

手紙の内容は以下の通り。

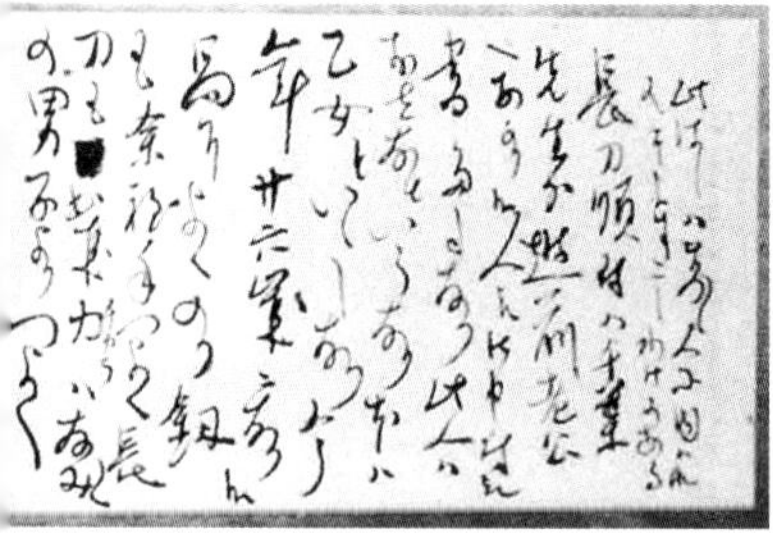

（追而書）此のは（な）しはまづ〳〵人にゆはれんぞよ。すこしわけがある。
長刀順付は千葉先生より越前老公へあがり候人へ、御申付にて書たるなり。
此人はおさな（佐那）というなり。本は乙女といゝしなり。いま年廿六歳になり候。
馬によくのり剣も余程手づよく、長刀も出来、力はなみ〳〵の男子よりつよく、先たとへばうちにむかしをり候ぎんという女の、力料斗も御座候べ

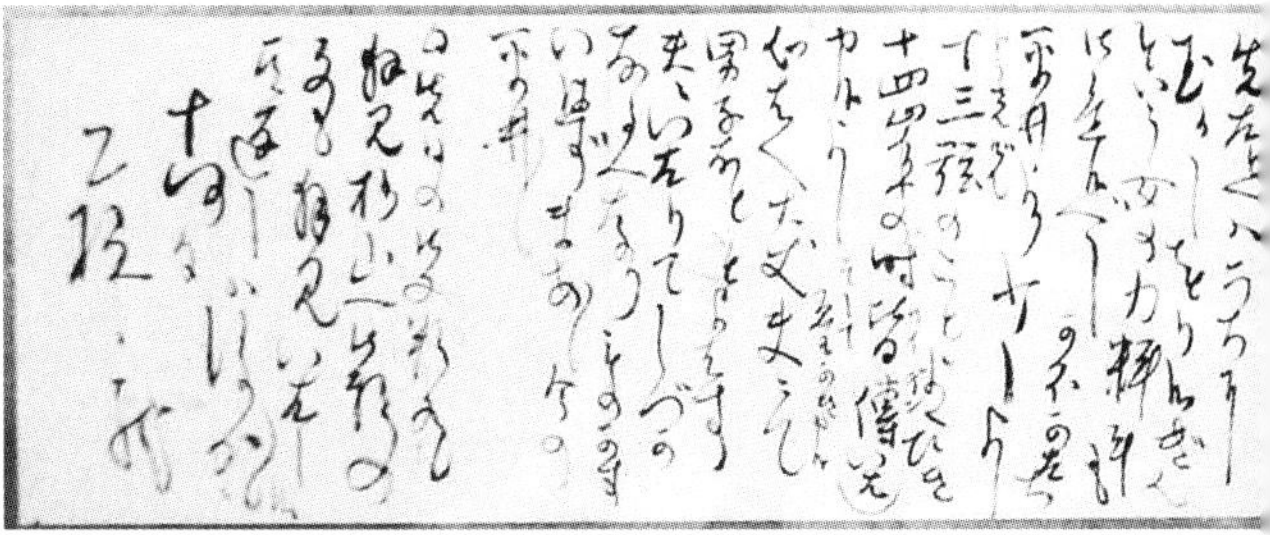

坂本龍馬自筆、姉乙女宛の手紙

し。

かほかたち平井より少しよし。十三弦のことよくひき、十四歳の時皆伝いたし申し候よし。そしてゑもかき申候。心ばへ大丈夫にて男子などをよばず。夫にいたりてしづかなる人なり。ものかずいはず、まあ〳〵今の平井〳〵。
○先日の御文難有拝見。杉山へ御願の事も拝見いたし候。其返しは後より〳〵。

十四日　　龍

乙様

姉乙女に佐那の長所を熱心に伝え、加尾と比較して、婚約の妥当性を説得している。冒頭の「すこしわけがある」とはどういうことか。

龍馬の手紙の中で最も価値があるのは、幕末動乱期の生々しい政治や事件に関係した内容のものである。ましてや、新発見で初めて明かされた事件の真相のようなものが出てくれれば、それは最高価値のものである。

次いで、今回の手紙のようなごくプライベートな内容で、愛する女性のことを本心から述べた手紙であろう。

私は、それまで数回古書の注文を受けていた遠方の顧客から、この手紙をぜひとも手に入れたい、との依頼を受けた。このような強い要望であっても、現品をしっかりこの目で見ないといけない。下見会場で額から外して、手紙が当時の紙に確かに筆書きされているかを点検する。というのは、コロタイプ印刷されていると、ガラス越しでは判断がつかないことがあるからだ。続いて、筆跡を確認する。龍馬独特の自由奔放な筆致と早書き感である。これはなかなか似せては書けない。「龍」の署名も確かめた。

これは間違いなく、本物である。依頼主と入札金額の打ち合わせをする。それまでの経験からすると、著名な人物の手紙は、江戸時代から明治時代を通じても高くて五〇〇万～六〇〇万円だろう。

しかし、これは龍馬の、しかも姉の乙女宛で、婚約者に心を奪われている様子が書かれている。普通だと一〇〇〇万円くらいの値がつきそうだ。しかし、欲しがる個人や公共機関は、そのくらいではまだ二～三人は付いてくるだろう。

依頼主に、「確証は持てないけれど、一五〇〇万円ならかなり落札の可能性は高いですが」と告げたが、予算面で少々きついよう。しかし、手に入らなければ何にもならないので、何とか説得した。

入札日当日は、依頼を受けた古書業者だけが応札する。

「坂本龍馬書状」が入札の最終台にのせられたときには、異様な雰囲気が流れた。これは、自分の思い入れが強すぎて、私だけが感じたのかもしれない。

とにかく異様な雰囲気を察知した私は、依頼を受け、絶対に手に入れたいと熱望している人のために、独自の判断で、一六〇〇万円まで書いた。ヒゲといって一〇円、一〇〇円差で敗れることもあるので、三三万一一〇〇円をその後ろに付けた。

高額なために七通りの数字を書いたので、札が絡む場合、最高金額より下で落ちることもある。しかし、私はただ一番上の金額しか頭になかった。

開札、発声、「坂本龍馬書状、一六三三万……」。その金額を聞き、落札者名を聞く前に、「やったー!」と心の中で叫んだ。

その晩に電話で依頼主に報告すると、とても喜んでくれて、予算オーバーのことなどまったく気にかけず、ひたすらお礼と喜びを言ってくれた。

翌日、翌々日の朝日新聞、東京新聞、日本経済新聞、地方新聞各紙の朝刊に、「竜馬の手紙一六三三万円」の見出しで記事が出た。

龍馬は自身の体験からも、幕府瓦解により多くの浪人が世の中に出ることを憂いて、浪人たちと船で新天地の蝦夷を目指し、開拓して生活できるようなことを考えていた。実際、明治になって坂本家から北海道に移住した子孫もいた。

龍馬の夢見ていた北海道の函館に、平成二一年「北海道坂本龍馬記念館」が開館したが、今、この手紙はこの記念館の目玉となって展示されている。実はこの手紙は、オークションに出る前に、長く札幌に秘蔵されていたもので、再び北海道に戻って役割を果たすということになった。

このようなことがあり、以後私は、龍馬筆跡の鑑定家として独り歩きしているようで、新出の龍馬の手紙が出てくると、公共機関からも鑑定・価格査定を求められるようになった。平成二六年四月一二日放送のＮＨＫ番組「突撃！　アッとホーム」に出演し、一般家庭から出てきた龍馬の手紙の鑑定をしたこともあった。

江戸時代のパスポート

長い鎖国の江戸時代は、日本人の漂流民といえども日本に入国する際には、厳重な詰問が待ち受けていた。

ペリー来航（一八五三、五四年）により鎖国は解かれ、安政五か国条約（一八五八年）、横浜開港（一八五九年）を機に来日外国人の数は飛躍的に増えていった。それにもかかわらず、幕府や明治新政府は日本人のキリシタン禁制政策を続け、明治六年になってようやく禁制を示す高札が撤去されるに至った。

そのようなことから幕末期、外交官を除いて在日外国人も開港場の居留地に閉じ込められ、遊歩できる範囲以外は自由に行き来することができなかった。

当然、日本人の海外渡航は許されていなかったが、日米修好通商条約批准書交換のために正使新見豊前守正興らの使節団が米国に派遣（一八六〇年）されたのを皮切りに、竹内下野守保徳遣欧使節団（一八六二年）、池田筑後守長発《ながおき》遣仏使節団（一八六三年）、徳川昭武（慶喜の弟）パリ万国博覧会使節団（一八六七年）と公式の渡航が続き、これらに参加した多くの幕臣、各藩士によって海外の見聞が日本にもたらされた。

勝海舟、福澤諭吉はその遣米使節の随行艦である咸臨丸に乗船した。海舟はこの米国行により視野を広め、西洋政治体制の本質を知り、江戸無血開城へと導いた。その後福澤は、竹内遣欧使節団に加わり、さらに幕府の軍艦購入委員の一行にも加わって渡米（一八六七年）している。明治となってからは幕臣の矜持を保ち、常に在野にあって教育を通じてその見聞を日本人に広めた。

榎本武揚《たけあき》、西周、津田真一郎らは、幕府派遣留学生としてオランダに渡航（一八六二年）した。また、長州の高杉晋作は、文久三年の政変の前年（一八六二年）、幕府貿易使節団一行の随員として上海に短期渡航した。中村正直《まさなお》、外山正一《とやままさかず》、菊池大《だい》麓《ろく》、林董《ただす》らは、幕府留学生として英国に渡った（一八六六年）。

幕府派遣でなければ海外渡航ができなかったので、西南諸藩は科学技術を身に付けさせるため、独自に藩士を欧州に密航させた。長州からは一八六三年、伊藤俊輔、志道聞多《しじもんた》（井上馨《かおる》）、山尾庸三ら五人が英国グラスゴーに、薩摩からは一八六五年、町田民部（久成）、鮫島《さめしま》誠蔵（尚信）、森金之丞（有礼《ありのり》）ら一五人が英国ロンドンに向かった。また同年、佐賀藩士馬渡八郎及び石丸虎五郎、広島藩士村田（野村）文夫もスコットランドに密航した。

慶応二年（一八六六）四月、ついに幕府は海外渡航差許布告を発した。これをいち早く使ったのは、意外にも旅芸人の一行だった。旅券第一号は、手品・綱渡りの隅田川浪五郎、次いで独楽廻しの松井菊次郎、足芸太夫元の浜碇定吉《はまいかりさだきち》、曲独楽の松井源水らで、旅券第二七号まで彼らが占めている。それぞれ芸人の女房、子供、弟子が一家を成し、アメリカ人プロモーターに雇われての欧米渡航だった。松井源水らの一行一四名は、同年一〇月二八日に横浜発で欧州を目指したが、偶然にも中

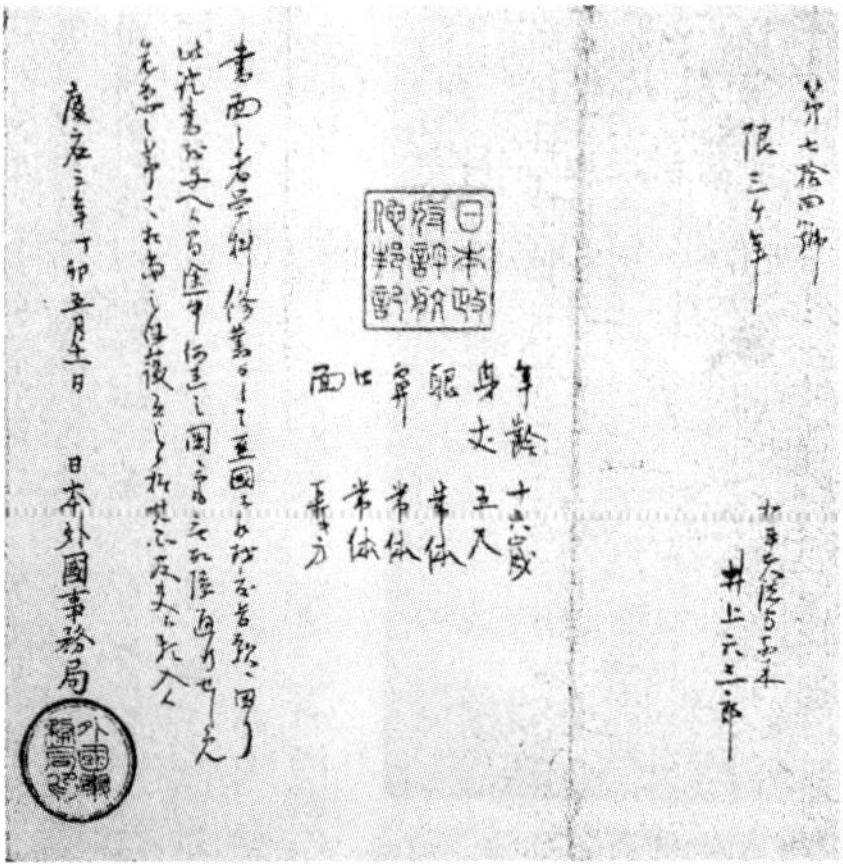

慶応３年、幕府（日本外国事務局）発行パスポート

村正直一行と同船だった。その四日後に浜碇の一行は米国に向け出港した。

私が業者市で入手したものは、福岡出身の井上良一（一八五二〜七九）のパスポートである。旅券には、

第七拾四号　限三ヶ年　松平美濃守
家来　井上六三郎　年齢　十六歳
身丈　五尺　眼　常体　鼻　常体
口　常体　面　長キ方　書面之右学
科修業として亜国に罷越度旨願ニ因り此証書を与へ候……慶応三年丁卯五月十
一日　日本外国事務局　同局印

と三つ折りの厚手楮《こうぞ》紙に墨書きされ、裏面には英訳文が記されている（現在、江

戸東京博物館蔵)。

井上は藩主黒田長溥《ながひろ》より留学生として米国に派遣された。明治になってからは海軍寮の援助を受け、ハーバード大学法学部に入学して二年の修学を終えて、目賀田《めがた》種太郎《たねたろう》とともに卒業(一八七四年)し、アメリカで初の東洋人学士となった。帰国後、海軍省を経て、明治八年に開成学校教授補に就き、同校が東京大学となると、法律学教授に任ぜられた。

明治四年米欧使節岩倉大使宛の明治天皇勅旨

もう十数年前の明治古典会大入札会に、「岩倉大使一行への勅旨及別勅旨、外壱通葡萄牙国宛控え　三通」が出品されていた。

まさか明治四年から六年にかけて米欧に行った、岩倉使節団の岩倉具視に宛てた明治天皇勅旨が巷にあるわけがない、と誰しもが思う。実際、「葡萄牙国皇帝陛下」宛の親書には、「睦仁《むつひと》」御名も写しで、国璽(天皇印)もなく、明らかに控え文書である。また、勅旨、別勅旨にも御名、国璽はない。これは三通とも控え文書であ

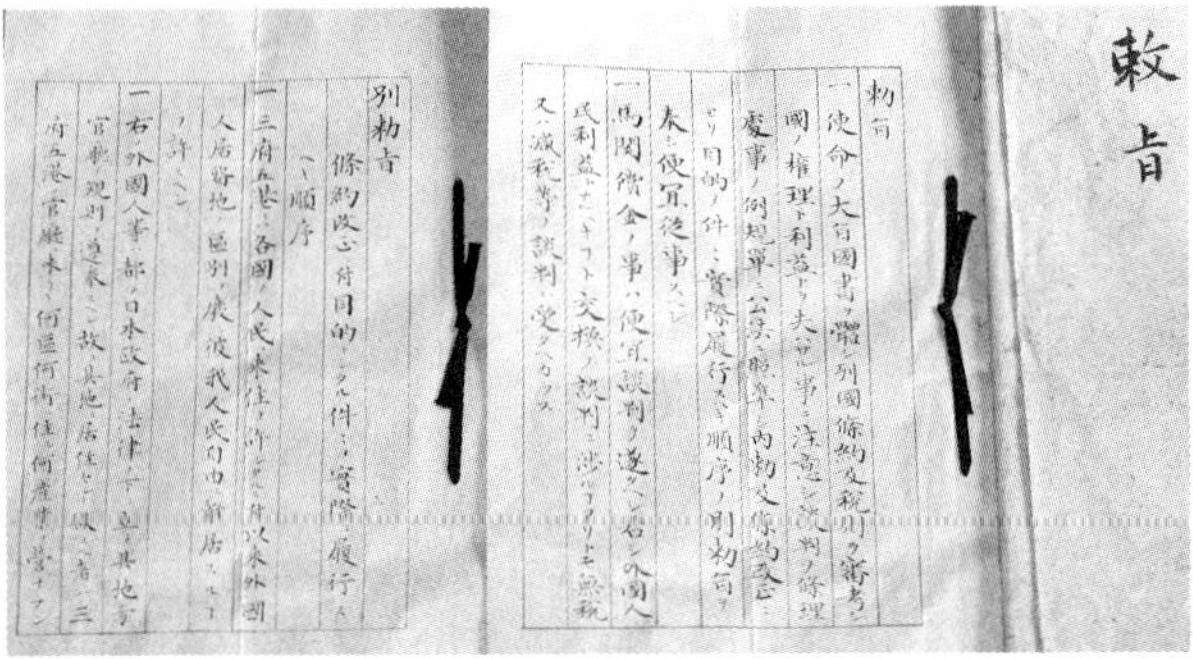

明治天皇の岩倉具視宛「勅旨」と「別勅旨」

る、との風評が飛び交っていた。

私の古書鑑定の流儀は、いろいろな意見は参考にするものの、あらゆる角度から現物を観察、考察して、「自分としての考え」をまとめ信じることである。これは、反町さんなど先輩方から学んだことで、今でも一貫して行っている。

この文書もこの方法で改めてよく観察した。確かにポルトガル国王宛の親書は控えである。では、勅旨、別勅旨はどうであろうか。立派な大高檀紙《おおたかだんし》（高名な武将の書状に使用されていた紙）に包まれ、「敕旨」と墨書きされている。勅旨、別勅旨は、厚手の局紙《きょくし》（三椏《みつまた》を主原料とし公文書に使用）袋綴じ、紫の織り紐が付く。それぞれの末に、「奉勅 太政大臣三條實美《さんじょうさねとみ》」とあり、花押がある。

あっ、これは三条の自筆花押ではないか。確かに本文とは別の筆致である。通常、勅旨などは天皇の意思を「奉勅」して、政府あるいは宮内省の責任者が文書を作り、署名するもの。天皇の御名がなくても決して不自然ではない。

　これは絶対に手に入れたい。開札の発声を今か今かと待った。結局、来場者、古書業者の誰もがその重要性を認識していなかったようで、下の札で落ちてきた。

　改めて事務所に持ち帰りよく見ると、明治文化研究家の三宅雪嶺《みやけせつれい》から木村毅《きむらき》に伝わったもので、木村の蔵書が売り立てられた際にある古書業者が買って、ずっと持っていたもののようであった。桐箱の中に一枚の紙片があった。それには、

三宅雪嶺博士秘蔵の明治天皇勅書（三通）
明治五年岩倉具視一行を条約改正のため欧米諸国に派遣した時持たせたものであるが、どこの国でも成功しないので、ポルトガル皇帝には渡さないで持ち帰ったのが、一行に随行した田辺蓮舟《たなべれんしゅう》に保存せられて三宅博士に伝わった。田辺は花圃《かほ》夫人の父で三宅博士の岳父にあたる。箱書きは花圃夫人の筆。木村毅

と、木村の覚書が書いてある。

明治維新に関連した展覧会に出品したのであろうか。「東京　木村家」の小さな荷札も箱に入っている。箱の内側には、「三宅氏図書之印」、「木村毅」の朱印が捺されている。

この後さっそく、国立公文書館に足を運び、調べた。岩倉使節団については、「大使全書」というものにまとめられ、関連の公文書、書簡、事項などが漏れなく記載されていた。当然、岩倉宛の「勅旨、別勅旨」も内容として記録されていた。しかし、館員に聞いたところ、その実物は蔵していない、とのこと。かくしてこの「勅旨・別勅旨」は本物ということがわかった。

木村の覚書によってその伝来がわかる。岩倉はこの使節団の目的が具体的に書かれた勅旨を旅中大使の証明として携帯していた。旧幕臣で海外渡航の経験があり、外務少丞であった田辺太一（蓮舟）も一等書記官として随行していた。帰国後、その田辺を中心に「大使全書」が編纂され、田辺は岩倉からその文書を預かって、本文の作成に充てていた。その仕事は一段落したものの、明治初年で田辺も岩倉も忙しい日々を送っていたことであろう。岩倉が所有すべき、あるいは公文書として保管されるべき「勅旨・別勅旨」は田辺の元に残ることとなってしまった。それが娘婿の三宅雪嶺に伝わり、のちに同学の木村の家に伝わった。なお、田辺の娘花圃は、明治女流作家の先駆けである。

ところで、勅とは、天皇の命令、言葉、詔《みことのり》（御言宣）のことで、勅命、勅諚《ちょくじょう》、勅語、勅書、勅旨などがある。また、詔が使われる詔書は、改元など臨時の大事の大命を布告する公文書で、議会の召集、衆議院の解散を命ずるときの文書の名称でもある。勅書も大命を布告する公文書ながら、尋常、小事に用いられるもので、一般に宣布されない皇室内部において発せられる文書的勅旨である。維新期によく「密勅」が使われたが、これは内々に下される勅旨で、天皇の意思、詔勅の趣旨のことである。

明治四年一一月四日、宮中正殿において米欧諸国派遣の特命全権大使発遣式が執行され、理事官には勅語が発せられ、岩倉大使には訪問各国元首に手交する国書と使節の任務内容を記した「勅旨・別勅旨」が渡された。

そもそも日本政府要人の米欧諸国歴訪は、当時、大学南校教頭であり、政府顧問であったG・F・フルベッキ（一八三〇～九八）が発想し、長崎の致遠館《ちえんかん》（佐賀藩の英学校）時代から師弟関係にあった大隈重信に建言したものだった。明治四年の秋か冬に使節団が派遣されるという噂を聞いたフルベッキは、さっそくその目的や調査方法を記したブリーフ・スケッチを作り、大隈に提出したのだった。しかし、それがいつしか岩倉に聞こえるところとなり、今度はフルベッキが直接岩倉から問われ、遣外使節の事由書作成へとつながっていった。大隈は当時、条約改正掛参議でもあったので、使節団に入ることを希望していたが、岩倉大使以下の副使は木戸孝允、大久保利通、伊藤博文と薩長閥で固められ、肥前からは外務少輔として山口尚芳が充てられ、大隈は外されてしまった。

日本は旧幕時代の安政五年（一八五八）、欧米各国との通商条約を結ぶに至り、明治維新を経て帝政の国となったのだが、いまだ世界には認識されていない状態であった。また、明治五年は条約改正の時期でもあり、西洋の政体、法律、工業技術、産業、商業、教育などを見聞したり調査するのは必須だった。

明治新政府の最重要人物たちがそっくり日本を留守にしてしまうわけだから、岩倉以下使節団は決死の覚悟、日本国の浮沈を賭けた大勝負の気持ちであり、岩倉にとっては、王政復古の大号令以来の大決断だったろう。

岩倉使節団。中央が特命全権大使岩倉具視。副使は左より木戸孝允、山口尚芳、伊藤博文、大久保利通

友好親善の国書を渡し、条約改正の下交渉をすることが目的だったが、最初に訪れたアメリカであまりの歓迎ぶりに気を良くした伊藤博文、森有礼らに乗せられた岩倉は、条約改正の本交渉に入ろうとしてしまった。ところが、持参した全権委任の国書には、「将来施設スヘキ方略ヲ商量セシメ」とあり、条約改正の交渉の権限については付与されていなかった。

急遽、大久保と伊藤は引き返し、全権委任状の発給を願ったものの、当初の趣旨に反することから難航した。何とか手に入れ再びアメリカに向かうも、条約改正交渉はうまくいかず、まだ欧州各国への旅程が残っていたため、交渉を断念して、ロンドンに向かったのだった。

結局、アメリカ、イギリス、フランス、ベルギー、オランダ、ドイツ、ロシア、デンマーク、スウェーデン、イタリア、オーストリア、スイスの一二か国を回り、明治六年九月に帰国した。日程が取れなかったスペイン、ポルトガルには行けずに終わった。

明治政府は必死に旧幕時代の各国条約の改正に当たった。歴史認識としては、不平等条約を結んだ幕府に落ち度があるとするのが一般的だが、当時の日本の政体、社会組織からすれば精一杯の交渉結果であり、日本の植民地化を防ぐための条約であったのだろう。

別勅旨を見れば、「(日本の)裁判所ノ長官ハ日本人タルヘシト雖其法律ヲ審議考定スルノ法官ハ各国ノ法律ニ通暁ナル外国人ヲ使用シ日本官員ト共ニ法官ノ列ニ加ハラシムヘシ」の状態であったので、それも無理からぬことだった。

西園寺公望の粋なヨーロッパからの手紙

次の手紙も通常の業者市に出たもので、面白い内容であったので買ってしまった。

御なつかしく存候処、七月十九日の書状相とゞきうれしく披見いたし候。益御盛におくらしの趣めで度存候。
此地にては新橋の愉快も出来不申くだらなく月日を送候、おさつし被下度候。
水道丁身請の話を聞て、
　百姓の　都にをるや　さとの花
千歳座おとみかうもり安はいかゞ見物いたし度ものと存候。別紙の書物相良におとゞけ被下度候。代価も同人より御請取の事。団八に御逢の節よろしく。其他校書によろしく〳〵。
　右御返事旁めで度　かしく

九月十日　　陶庵

華山老人

小きつねの戦争ハ如何

鞘当流行ニ付御用心

この手紙は西園寺公望（陶庵）が、駐オーストリア＝ハンガリー公使、駐ドイツ公使（駐ベルギー公使兼任）を務めていた一八八五年（明治一八）から九一年（明治二四）の間に、当地より発信したものと思われる。宛先及び「華山老人」は、花山翁とも言われた新橋の幇間《ほうかん》で、芝《しば》日《ひ》蔭《かげ》町《ちょう》で華山堂という古本屋を営んでいた。

風流人公望は、幇間華山や役者団八（九代目団十郎の弟子）を供にして新橋界隈に遊んでいた。「校書」は芸妓の異称。「小きつね」は当時、公望が執心にしていた「尾米」の看板娘おさくのこと。九代目団十郎と恋の鞘当を行っていたフシがある。異国の地で、さぞ日本での風流を懐かしがっていたのだろう。

西園寺公望（一八四九〜一九四〇）は徳大寺公純《きんいと》の次男として生まれ、三年後に西園寺師季《もろすえ》の養子になった。明治維新期はまだ一八歳ながら、主戦論を唱え、岩倉など倒幕派公卿に注目され、山陰道鎮撫総督、奥羽越後口大参謀に抜擢され、その功により新潟府知事になっていた。

しかし、翌年にはその職を辞し、三等陸軍将、正三位権中納言の官位も返上する。これからの日本の進む道を見据え、自身の身の振り方を考えて、東京や長崎でフランス語を勉学した。一八七〇年（明治三）末に大村益次郎の推挙によって官費でのフランス留学に出発した。

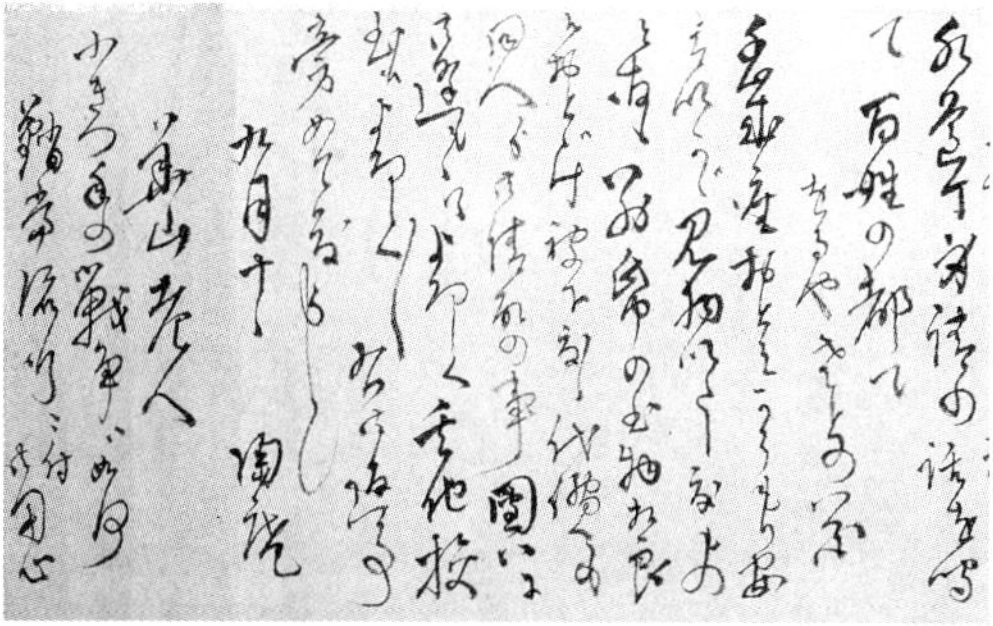
欧州発の西園寺公望の新橋幇間・華山宛手紙

普仏戦争での敗北後の、民衆によるパリ・コミューンを目の当たりにした公望は相当な刺激を受け、その後ソルボンヌ大学を中心に一〇年間法学や行政学を学び、また、広くヨーロッパの思想、文化を吸収していった。留学生仲間の中江兆民、松田正久らとの親交もあった。また、後にフランス首相となったクレマンソーや、小説家のゴンクール、作曲家のリストなどとも交流したが、その仲立ちをしたのは、公使館員の船越光之丞から紹介されたジュディット・ゴーチエ（一八四五〜一九一七）だった。ジュディットは、詩人・小説家のテオフィル・ゴーチエの娘で、一八六二年のロンドン万博で日本に興味を抱くようになり、中国人家庭教師から中国語を学び、中国、日本関連の文芸作品を著すようになっていた。

公望はジュディットと組み、一八七八年にパリ万博事務局雇としてパリに来た山本芳翠《ほうすい》（一八五〇〜一九〇六）に表紙絵、挿絵を描かせた仏訳『蜻蛉集《せいれいしゅう》』（一八八五年刊）を刊行した。これは主に『古今和歌集』など八代集から選んだ歌を公望が下訳し、ジュディットが音節と韻を踏んだ五行詩としたもの。彩色石版刷の厚紙表紙で、ジャポン・ヴェラム紙（局紙）を使ったクォート大判の美しく品格がある本として異彩を放っている。

帰国後の公望は、中江兆民らと自由党結党に向けた『東洋自由新聞』（一八八一年）を創刊する。圧力によりすぐに廃刊に追い込まれたが、翌年には伊藤博文の憲法調査のためのヨーロッパ歴訪に随行した。

その後、第二次伊藤内閣の文部大臣として初入閣を果たすと、一九〇〇年（明治三三）の立憲政友会の旗揚げに参画し、〇三年には伊藤の後を受けて政友会総裁となり、〇六年と一一年には内閣総理大臣に就任した。

翌一九一二年に首相を辞任してからは、元老となり、首班奏薦の任に当たった。一九一九年（大正八）には、パリ講和会議の首席全権代表として渡欧した。昭和になってからは、天皇に諫言したり、日独伊三国同盟に反対したりと、最後まで信念を貫いた傑人だった。

第五章　江戸後期、外国人の史料

ベルリンでのオークション、シーボルトの手紙入手顚末

平成九年一一月、私はベルリンの中心、ウンター・デン・リンデン（菩提樹の下）大通りにあるオペラハウス付属の建物の中で行われたオークションの下見会場で、一〇〇〇点を上回る西洋名家の自筆草稿、書簡類の中の数点を見ていた。目当ては、音楽部門の自筆楽譜集である。ベートーヴェン、ショパン、メンデルスゾーンなど古典派からロマン派にかけての作曲家の自筆楽譜一一五点を、ウィーンの作曲家A・フックスが自身の交友関係を駆使して集めたものだ。各々数ページずつとはいえ、書き下ろしの新たな楽譜も含まれ、一時代の作曲家の自筆楽譜を一堂に集めたものは貴重で、市場への出現は稀なることと言っていいだろう。

下見段階で競売限度額を申込書に記入して、係に渡しておいた。帰国後、厳しい競争の結果、うまく落手できたとの報を受けた。

まだ興奮冷めやらぬころ、ロンドンの業者仲間より電話があり、話を進めていくうちに、同じベルリンのオークションでシーボルトの書簡が出たことや、それをロ

ンドンの別の業者が買ったことなどを聞いた。半信半疑ながら急いで、五〇〇ページにも及ぶベルリンのオークション目録をめくり、学術部門の頁を丹念に見ていくと、「Siebold in Nagasaki / SIEBOLD, Philipp Franz von... Nagasaki 23. IX. 1859.」の記述が確かにあった。シーボルトの手紙が市場に出ることは非常に珍しい。ベルリンの会場にいながら、不覚にもそれが出品されていることに気付かずに、下見をしなかった。気を取り直して、すぐにそれを買ったロンドンの業者に電話をしてみたところ、まだ手元にあるとのことだった。何としても手に入れたいと、交渉をした結果、譲ってもらえることになったので、ひとまず安堵した。

その書簡は、淡い紫陽花色で、細かく縦横の罫線が引かれた薄い用箋が使われ、他に伝存しているシーボルト書簡の用紙と同じものであった。二つ折りの一ページ目左上に「Jh: Ph.Fr.von Siebold...」の文字がスタンプで空押しされている。文面は三ページ分、四ページ目にボンの出版業者「Marcus」への宛先が記されている。

いわゆるシーボルト事件で日本を去ってから日本が開国となると、一八五九年八月一四日にシーボルトは、オランダ貿易会社の長崎支店評議員の肩書で長崎に再来

2回目の来日時のシーボルト（左）。息子アレクサンダー（右）とともに長崎に滞在した

日した。三〇年前に別れた妻たき、子いねに思いを馳せ、懐中に二人の肖像が青貝細工された合子《ごうす》を忍ばせてはいたものの、カタカナ文の手紙を送ったころから遥かに時は過ぎていた。シーボルトは帰国後にヘレーネ・フォン・ガーゲルンと結婚していたので、一三歳になる長男アレクサンダーを伴っての来日であった。

　シーボルト六三歳、たき五三歳、いね三二歳、その子たか七歳。妻子に再会したが、お互いの生活環境は以前とは違ったものとなっていた。しかし、二宮敬作らかつての弟子たちは少ないながら歓待してくれた。長崎に着いたシーボルトは、長崎奉行の計らいで、長崎湾が一望できる本蓮寺境内の一乗院に数か月住むことになった。手紙はそこで書かれたものである。

　この手紙は、ゲッツシュマンの鉱山学の本の送付を依頼した書簡ながら、日本再来の感慨、心境、日本人の歓待の様子がよく述べられている。そこでは、……セイロン、シンガポール、バタヴィア、そして、上海を通る。疲れはするものの、とても興味深い旅の末、息子アレクサンダーともども無事にこの日本に到着しました。すっかり解放感に浸り、街はずれにある寺院、本蓮寺の素晴らしい別邸に住み、昔と同じように例の日本人が手厚く気遣い、もてなしてくれます。学問、すなわち、自然科学、地理、そして民族学に、前より遥かに広い場が開かれているのは、私が自由に学者や身分の高い人たちと付き合い、支障なくどこでも遠出ができるからです。そこでは、国許にいるときのように友や昔馴染みに囲まれて、その中には昔滞在中に知り合った私の信頼できる教え子の何人かが、皆、私みたいな年寄になりましたが、若き力と勇気を持って、三〇年前に後にした道を再び歩み、学識を豊かにし、日本人に教え、商いと海運をこの水域で広げていきます。……

と記している。

この後シーボルトは、鳴滝の土地と建物を買い戻して、アレクサンダーとともに移り住み、日本各地の草木を集めた植物園を作ろうとしていた。

シーボルトは、オランダ貿易会社との雇用契約が切れたことから、文久元年（一八六一）六月より幕府の求めに応じて顧問として江戸赤羽接遇所（現在の飯倉公園）に住み、親身になって日本外交のアドバイスを行った。しかし、折からの攘夷の嵐と、外国勢の反発を招き、わずか四か月で解任となり、失意のうちに長崎に戻り、滞在三年ののち帰国した。

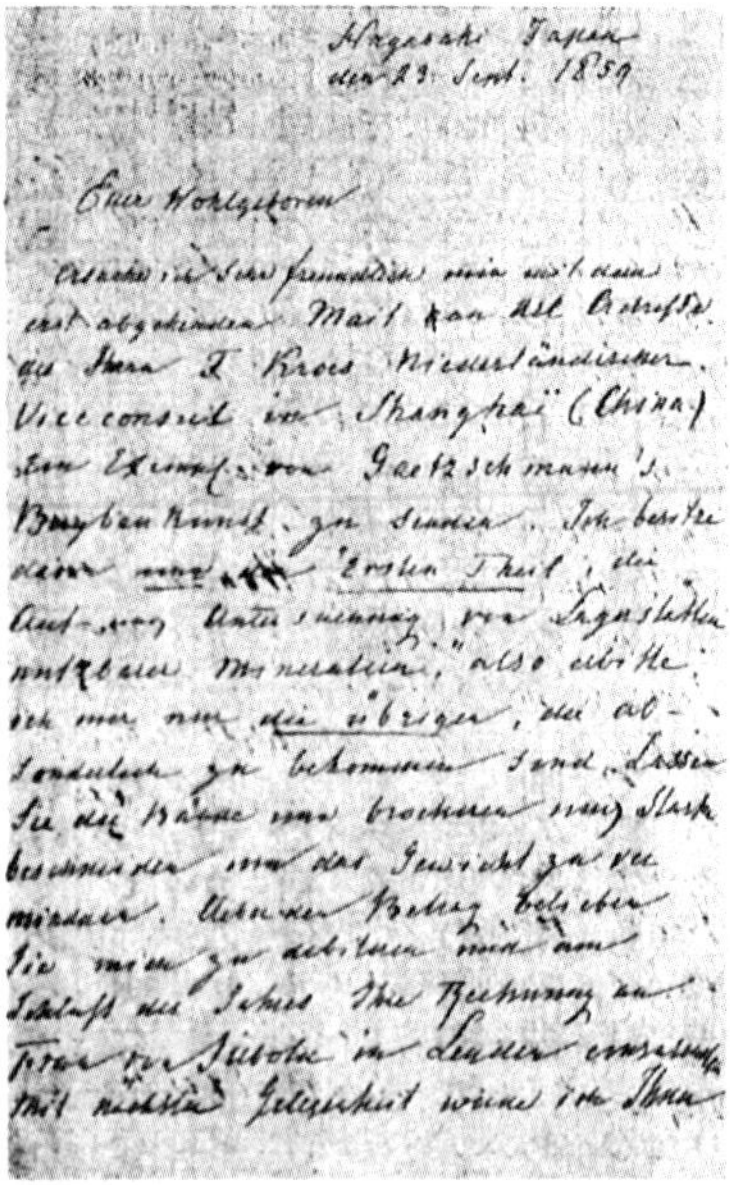
Nagasaki Japan
den 23 Sept. 1859

Euer Wohlgeboren

シーボルト自筆書簡、上部に「Nagasaki Japan」と発信地名がある

息子アレクサンダーは日本に残り、英国公使館の通訳を経て、明治政府の外交官

となり、条約改正交渉、憲法制定、内閣制度の導入に際して活躍した。

本に挟まっていた、フィルモア大統領のペリー提督日本遠征命令書

『ペリー提督日本遠征記』の議会上院版、下院版（一八五六〜五八年刊）のうち、それぞれ五〇〇部の計一〇〇〇部は、ペリーが自由に使える分として与えられた。実際、「M.C.Perry」の署名献辞がある『遠征記』を、ときどき見かけることがある。

あるとき、ペリーの署名や蔵書票がないのに、大統領から与えられた「信任状」が見返しに貼り付けられた『遠征記』を入手した。本来、ペリー提督が持っていたはずの原公文書なのに、どうしてこのようなものが市場に流通してしまったのか、不思議でならなかった。

信任状のタイトルは、「米国第一三代フィルモア大統領署名入りペリー提督日本派遣信任状」で、日付は、「一八五二年一一月一三日、ワシントンにて」とある。

これは、縦二六・六センチメートル、横四一・二センチメートルの浅葱色の薄い紙を二つ折りにし、所定の文章が銅版印刷された公文書用紙である。

原文は、

I hereby authorize and direct the Secretary/ of State to affix the Seal of the United States to/ a letter accrediting Captain M.C. Perry/ to the Emperor of Japan;
Dated this day, and signed by me: and for so doing this/ shall be his warrant.
Millard Fillmore/ Washington, 13th November, 1852.

邦訳すると、

私は、日本の皇帝に（派遣する）M・C・ペリーに権限を与うることを宣するとともに、合衆国の印を捺すように国務長官に命ずる。この日、私の署名をもってこの行為を証明する。ミラード・フィルモア　ワシントン　一八五二年一一月一三日この信任状と対をなす一八五二年一一月一一日付け全権委任状が、アナポリスの米海軍兵学校博物館に所蔵されている。形式はまったく同じだが、肉筆書き入れ部分が、

five Full Powers in blank to Matthew C. Perry. / Millard Fillmore/ 11 Nov. 1852

となっている。

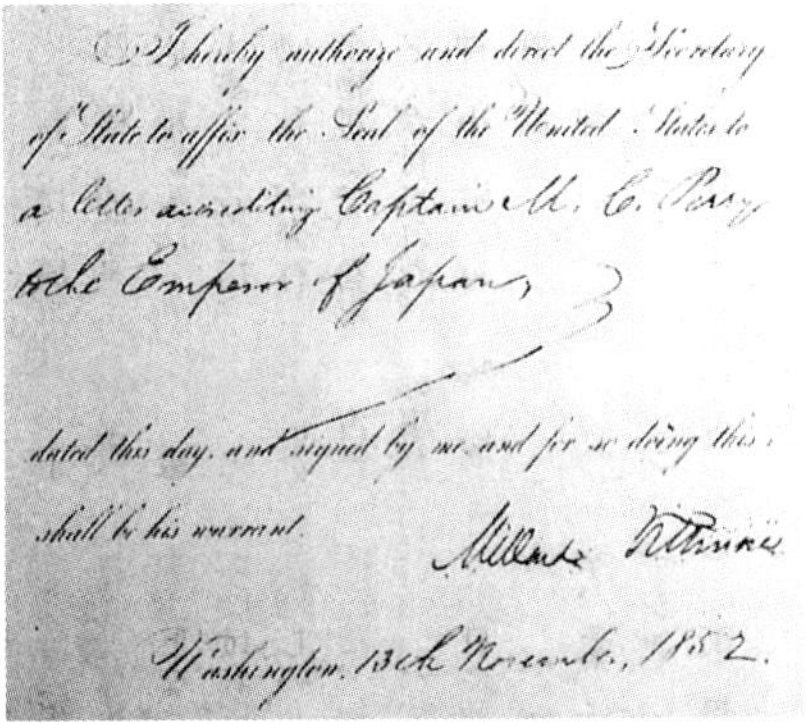
I hereby authorize and direct the Secretary of State to affix the Seal of the United States to a letter accrediting Captain M. C. Perry to the Emperor of Japan,

dated this day, and signed by me and for so doing this shall be his warrant.

Millard Fillmore

Washington. 13th November, 1852.

米国大統領のペリー提督に対する信任状。3行目に「M.C.Perry」、末に大統領名「Millard Fillmore」の署名

時を同じくして、まったく別のルートで米国から、ペリー来航の七年前に開国を迫ったビッドル提督遠征に関する、米大統領の「全権委任状」を手に入れた。

「米国第一一代ポーク大統領署名入りエヴェレット公使日本派遣全権委任状」というもので、「一八四五年四月一六日、ワシントンにて」とある。料紙、銅版印刷部分とも、まったくペリーの「信任状」、「全権委任状」と同じものである。何とも不思議な縁のつながりを感じた。

清国との間に、修好通商条約を結んだ米国政府は、一八四五年にその批准書を交換するために、A・エヴェレット公使の派遣を決し、同時に、日本とも通商条約を結ぶように全権を与えた。ところが、ある事情でエヴェレットは、途中で帰国してしまった。米国東インド艦隊を率いる司令長官J・ビッドル提督は、海軍長官G・バンクロフトから、エヴェレット公使に従い、日本国沿岸諸港の開港の可能性を確認すること、という訓令を受けていたので、エヴェレットの代役として航海を続けた。

このときの「全権委任状」の内容は、

私は、日本帝国との通商条約締結交渉のために（派遣する）エヴェレット公使に全権を与うることを宣するとともに、合衆国の印を捺すように国務長官に命ずる。この日、私の署名をもってこの行為を証明する。ジェームズ・K・ポーク　ワシントン　一八四五年四月一六日

ペリー提督日本遠征。条約締結後の旗艦ポーハタン号甲板における日米親睦パーティー

というもの。

ビッドルは、二艦をもって一八四六年二月に浦賀沖に到達したものの、一〇〇〇石以上の御用船一七艘、大小六〇〇余艘に取り囲まれ、交渉にも失敗し、撤退を余儀なくされた。その三年後の一八四九年には、東インド艦隊グリン艦長が、難破した米国船員を引き取るために長崎に来航し、交渉している。

それらを踏まえてペリー提督は、万全の準備をして、毅然たる態度で幕府に開国を迫ったわけだ。

さらに私は、この二つの公文書を入手する数か月前に、ペリー提督が艦隊を率いてノーフォークを出発する前日の一八五二年一一月二三日に、同僚艦のサンズ指揮官に発したペリー署名入りの出発命令書、すなわち、極東での燃料積み込みなどについての指示、及び一日先に航行するように命令した内容の文書も入手していた。

偶然の妙に、不思議な縁のつながりを感じた。

ペリー条約を翻訳した阿蘭陀通詞本木家文書の出現

古書業に長く携わっていると、ある程度自分の得意とする分野が確立していく。私の場合は、多くの古書を扱うというより、明治前来日外国人、長崎・横浜関係、幕末維新期の人物・活版印刷関係や古写真、織田信長など戦国期関係、天平・平安時代の古写経、一九世紀以前の医科学書・洋学関係・日本関係洋古書などに興味を持つので、これらの仕入れが多くなる。これらがキーワードになり、古書業者の市に出品される膨大な品々の中から仕入れすべきものを選択し、相場、競争者を意識して入札に臨む。

二〇年ほど前、市に出てきた写本の中から、「本木昌造《もときしょうぞう》」の名が目に入ってきた。何度も言うようだが、写本の場合、そのほとんどがいわゆる原本からの転写、あるいは転写の転写で、原本はほんのわずかしか残っていない。その見定めは極めて難しく、署名の筆跡、本文の筆跡、本人しか施さないであろう訂正・加除等々をポイントとする。しかし、市の現場ではそれらの要素を参考書によって確かめる術はなく、本物の確率七〇パーセントくらいの感覚で入札すべきか否かを決定しなければならない。後は入手してから綿密に調べることになる。

「本木昌造……」。頭の中のキーワード検索が作動する。長崎阿蘭陀通詞、日本の活版印刷創始者、ヒットした！　原本の場合、本文は転写本より丁寧に書かれていることが多く、しかも、これは署名も本人の筆跡のようだ。連署の「堀達之助」も通詞で、本木とは違う本人の筆跡である。「これは原本だ！」と心の中で叫んで入札に臨んだ。

首尾よく入手し、持ち帰って調べてみると、やはり本木昌造、堀達之助による直筆の「日米和親条約付録下田条約 和解草稿」であった。

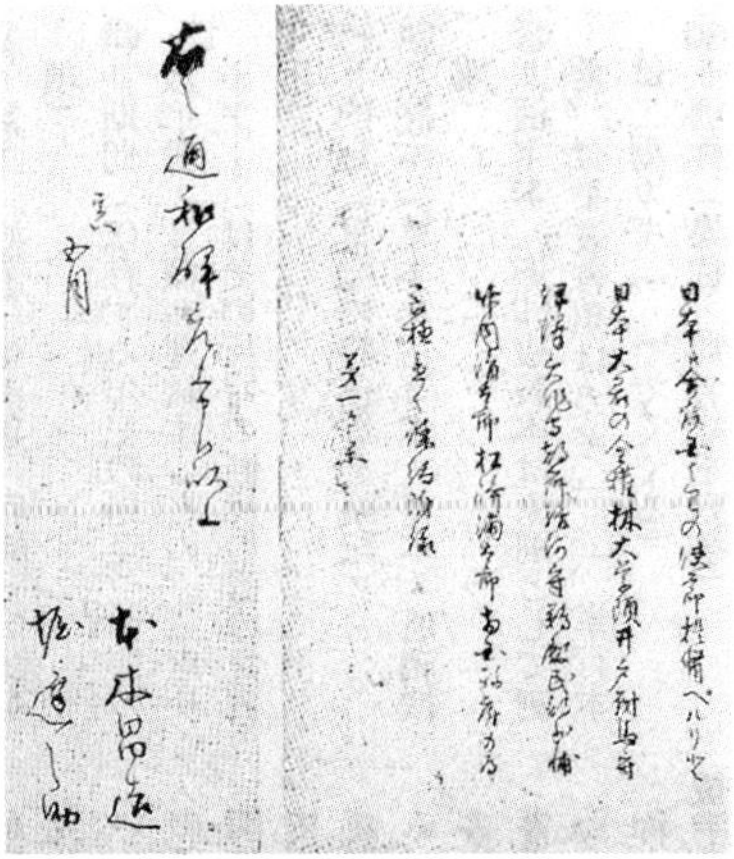

阿蘭陀通詞本木昌造、堀達之助訳「日米和親条約付録 下田条約 和解草稿」末部分

ペリー提督は嘉永七年（一八五四）一月に再来日して、三月三日に神奈川で日米和親条約を締結した。本木も堀もこのとき立ち会っていた。ペリー艦隊はその後、開港場の調査のために下田、箱館を訪れ、再び下田に戻ってきた。五月一三日に上陸して、了仙寺が接待兼交渉所となったが、このときの様子が同行した画家ハイネによって描かれ、後に大きな彩色石版図として少部数刊行された。同月二二日に和親条約の付録として下田条約が林大学頭《だいがくのかみ》らとの間に締結された。

このとき、条約を和訳して浄書するわけだが、これはその草稿原本であったのだ。末に「右之通和解差上申候以上 寅五月 本木昌造 堀達之助」とある。この草稿は現在、江戸東京博物館に所蔵されている。

本木昌造（一八二四〜七五）は、長崎会所請払役《うけばらいやくば》馬田又次右衛門《だまたじえもん》の次男として生まれたが、一一歳のときに本木家に迎えられ、阿蘭陀通詞となった。稽古通詞から始まり、小通詞末席、並、過人となり、大きな対外交渉の場にも居合わせることとなった。ロシアのプチャーチンの艦船が下田地震による津波の影響で沈没したとき、その後の新船建造の際には軍艦打建方検分役として立ち会い、安政二年（一八五五）一〇月からは長崎海軍伝習所で通弁官として経験を積んだ。

昌造はその後、西役所内での活字判摺立所の御用掛となり、安政三年には邦人による初めての活字印刷本『シンタキス』刊行に助力した。明治二年には「新街私塾」を開き、翌年には同塾内に「新街活版所」を創設した。これ以後昌造は、日本における活字印刷の先駆者となり、上海美華書館《みかしよかん》のガンブルの指導を受けて活字製造の電胎法《でんたいほう》を習得し、活字の号数を確定してその量産化に成功した。

その間昌造は、万延元年（一八六〇）に飽ノ浦《あくのうら》製鉄所御用掛となり、文久三年（一八六三）には幕府がオランダから購入した二隻の艦長となり、江戸、大坂、長崎の運航に従事した。慶応四年（一八六八）には製鉄所頭取となり、同年明治元年には中島川に本邦初の鉄橋を架設し、その翌年には製鉄所付属の活版伝習所を開設した。

『増補再版新々長崎みやげ』（明治二三年刊）所収附図中に、「鉄橋」、「新町活版所」が明示されている。同書中には、

本木昌造ハ実に長崎開市以来第一の人傑にして、始めて活版業を新町に開き、兼ねて塾舎を設けて、文明流の教育を生徒に加ふる等、天下に卒先して新事業を創め、文明の進歩に裨益《ひえき》する処、尠小《せんしょう》ならざるハ、天下の知る所なり

と記されている。

来日外国人の和本購入

「安政万延外国人買物」という標題の美濃判一九丁の写本を持っていた。安政六年（一八五九）八月四日、芝神明前の書物問屋和泉屋吉兵衛が当地の名主を通じて町

奉行に届け出た、本の販売記録である。これには、

未八月四日　御届　富川町名主　弥兵衛

八月二日

一　拾五匁　古訓古事記　三冊

一　弐拾六匁　古事記　旧事記　八冊

一　四拾弐匁　日本書記（ママ）　拾五冊

一　三匁　近郷図　壱枚

一　百弐拾四文　袖玉武鑑　壱冊

八月三日

一　拾匁　武蔵図　壱枚

一　拾三匁　農家益　七冊

一　拾三匁五分　日本山海名産図絵　五冊

一　拾壱匁五分　農家業事　拾冊

一　三匁五分　地名便覧　壱冊
右の通り魯人旅宿へ差出申候間此如御届申上候以上
未八月四日　富川町松兵衛地借　書物問屋　吉兵衛

と記録されている。それとともに、大中寺詰の淵辺《ふちべ》徳蔵《とくぞう》を通じて納入した旨も書かれている。後に淵辺は外国奉行支配調役として遣欧使節（文久二年）の一員となり、欧州を歴訪した。

東京都港区三田の小山にある天暁院は、下野国大中寺の江戸宿所であったことから大中寺とも呼ばれ、ロシア使節の宿所となっていた。安政六年（一八五九）六月二一日には、ロシア領事のゴシケヴィッチが函館より江戸に来て大中寺を宿所とし、日露修好通商条約批准と樺太国境画定のため、同年七月二〇日に品川に来航したムラヴィーヨフらは、同月二四日、大中寺に投宿していた。

その五年前の安政元年（一八五四）にロシア使節プチャーチンの通訳官として下田に来航したゴシケヴィッチは、一八五七年にサンクトペテルブルクにおいてロシアへ密航した掛川藩士 橘 耕斎《たちばなこうさい》と共著で、日本最初の和露辞書『和魯通言比考』を刊行している。この販売記録にある和泉屋で本を買った「魯人」というのは、日本通のゴシケヴィッチだったと目される。

江戸時代の貨幣経済は、金、銀、銭の三貨制度をとっていた。それぞれの時代によって換算率が変化しているので一概には言えないが、万延小判一両は銀一五〇匁に当たり、現在の物価に換算すると、一両は約五万円（幕末期は二万円、インフレ時は五〇〇〇円とも言われる）になる。したがって、一匁は三三〇円ほどとなり、

『古訓古事記』三冊が約五〇〇〇円
『日本書紀』一五冊が約一万四〇〇〇円
「近郷図」という地図一枚は約一〇〇〇円
『日本山海名産図絵』五冊は約四五〇〇円
『袖玉武鑑』一冊は約七八〇円

と推定できる。

また、別の書付に、やはり和泉屋吉兵衛から、

一　北斎画本　拾九冊　一　花鳥図会画本　三冊　代金壱両壱歩
一　北斎画本　拾八冊　此代金壱両ト八百文
一　女掛物　七本　此代銭壱貫四百文
惣〆金弐両壱歩ト弐貫弐百文　右トルラル四枚受取釣……


とある。

「北斎画本」には、『北斎漫画』、『富嶽百景』、『画本東都遊』などの絵本が含まれていたのか、これは約五万五〇〇〇円、浮世絵美人画掛け軸一幅は約一三〇〇円ほどになる。

この文書には他に、

手遊独楽　六十三　代金五匁壱歩
白絹七丈物　三疋　帯地……　金拾四両弐朱

絹布・帯地・縮緬など
　三拾弐品　金三拾六両弐分
瀬戸物
　花鳥画六寸盃弐枚　此代金弐両壱歩
　右ハトルラル三枚受取申候
　蒔絵菓子鉢　壱　此代金壱両壱歩
　右ハトルラル壱枚壱歩銀弐受取申候
文鎮・筆掛・硯・筆・墨
　此代銭七百文
　右ハトルラル壱枚受取釣金弐歩弐朱ト百文相渡申候
太刀拵刀　弐本　代金六両
他拵付刀・拵付脇差・鮫柄脇差など。

最後に申（万延元年）九月四日付けで、神明前の

絵草紙渡世（佐野屋）喜兵衛
一　大錦絵取交　拾七枚
一　江戸絵図小形　三枚　〆代金弐歩之
右は壱歩銀弐ツ受取申候
右は昨三日八半時頃トイツ人四人神明前通り遊歩致し御役人御附添右之者共見世先にて買附置候……

とある。一両は四分（歩）なので、代金二分は約二万五〇〇〇円で、一枚当たり約一二五〇円になる。
江戸時代は、書物問屋が出版、卸、販売、古本販売を兼ねていた。本の価格は、概してコストがかかった冊数の多い本が高く、あまり内容とか稀少性には関係がなかった。明治になってからは、江戸時代の文化を否定したので、和本はいっそう廉価になっていった。

フィンランド出身で北極海を回る北東航路を開拓した探検家ノルデンシェルドは、その航海の途次、明治一二年に来日して本屋で古書を購求した。そのときの値段は、丹緑本《たんろくぼん》『唐糸草紙』（慶長元和中刊、古活字版）二冊が一〇銭であった。当時の大工の一日の手間賃が五〇銭という時代に、である。

幕末・明治前期の書肆店頭風景、明治20年代の東京伝通院前青山堂店舗

図版は、東京伝通院前の書籍出版・販売の青山堂青山清吉の店。東海道本線が全線開通した翌年の明治二三年一月に、書籍通信販売としては最古の「現収書目第一回」（古本を含む書籍販売目録）を出した。

第六章　世界的に評価の高い日本の古典籍とその蒐集

ジャポニスムの源泉

アンドレ・ミシェル編『美術史』の「印象主義」の章でルイ・レオーは、

広重と北斎とは、モネやドガやロートレックなどにとって、ちょうどヴァトーに対するルーベンス、ドラクロアに対するコンスタブルにも等しかった。古典主義がイタリア化であり、浪漫主義がイギリス化で、また現実主義がスペイン化でそれぞれあったとすれば、全く同様に印象主義は日本化と言うべきであろう

と称揚している。一九世紀後半にフランスを中心として欧米で渦を巻いたジャポニスムの源泉をたどってみよう。

マルコ・ポーロが日本のことを「ジパング」とヨーロッパに紹介して以降、また、一六世紀以来の、ポルトガル、スペイン、イギリス、オランダを通じた人と物の交

流によって、すでに王侯貴族の間では、東洋趣味の一環として日本陶磁器類、蒔絵工芸、家具類のコレクションが形成されていた。一六八八年刊のJ・ストーカー著『ジャパンニング及びワニス塗りの技法論』の中で、日本の蒔絵技法が銅版図の花鳥草木文様を伴って紹介され、「漆、漆器＝ジャパン」という呼称が定着したくらいである。一七世紀後半から一八世紀中ごろにかけてのシノワズリー（中国趣味）にも部分的に日本の美術工芸品の影響が見られるが、いずれも上層階級の装飾・工芸品に限られていた。

しかし、開国前後の幕末期になると、浮世絵版画を始めとして多量の工芸品が海を渡り、それが美術家や一般大衆の目に止まって、一挙にジャポニスムが花開いていった。

ゴンクール兄弟は、日本美術品についての記述がある小説『千八百某年に』（一八五一年刊）や、作中人物コリオリが日本版画に関心を寄せている小説『マネット・サロモン』（一八六七年刊）を著した。

一八五六年、画家・版画家のF・ブラックモンは印刷業者ドラートルの仕事場で、

『北斎漫画』九編より

陶器のパッキングに使われていたという赤表紙の画本を見つけて、その絵の自由さ、正確さに目を見張ったと言われる。それが『北斎漫画』であった。さっそく、ブラックモンはドラートルに譲渡を申し入れたが、拒絶されてしまった。その二年後にブラックモンは、版画家ラヴィエーユの家で再び『北斎漫画』を目にし、秘蔵本パピヨンの『木版画論』（一七六六年刊）と交換して持ち歩き、マネ、ドガ、ルグロ、ファンタン・ラトゥール、ホイッスラー、ステヴァンスらに見せて回った、という一説もある。

一八六二年には、幕府が初めて派遣した竹内保徳率いる遣欧使節団が英・仏・蘭・露を訪れ、日本の侍姿、物腰を披露することとなった。同年に行われたロンドン万博に、駐日英公使J・R・オールコック及び神奈川英領事F・H・ワイズの日本工芸品コレクション等六〇〇余点が出品されたことも、日本ブームに火を付けた要因だろう。

当時立体写真として発売された一枚に、ロンドン万博の日本ブースで、「JAPAN」の看板が上部にあり、「英国ミニストル」と書かれた提灯と、漆芸品、金工品、浮世絵版画等が展示されたものが残っている。また、同じ年にパリでは、ドゥゾワ夫妻が極東美術品（日本品を含む）専門店「シナの門」を開店している。

立体写真。1862年ロンドン万博での日本ブース

一八五八年の安政五か国条約締結により人と物の交流が飛躍的に拡大したことも、日本文化が欧米に普及した大きな理由だろうが、決定的だったのは一八六七年のパリ万博だった。幕府は将軍慶喜の弟昭武の使節団を派遣し、幕府、薩摩藩、佐賀藩、民間（吉田六左衛門、清水卯三郎）合わせて一三〇〇余箱の出品をした。薩摩と佐賀両藩の出品は焼物を中心とし、幕府からの出品は服飾、什器、武

具、書籍、版画、和紙、諸国焼物等で、国貞や国芳を始めとした江戸の浮世絵師たちの肉筆浮世絵一〇〇点（美人画五〇点、風景画五〇点）、高橋由一の油絵、屏風、絵巻物等も含まれ、茶屋まで設けられた。これらの出品に対してナポレオン三世は、他の六か国とともに日本にグランプリを与えたほどだった。

明治になってからは、一八七三年のウィーン万博、七八年のパリ万博と政府の威信をかけた出品が続き、さらに日本文化が欧米に流れ込んだ。

明治新政府は、万博を殖産興業の旗印と捉えて、ウィーン万博の二年前からオーストリアと交渉を始めた。その準備段階として、旧佐賀藩士で幕末のパリ万博に参加した佐野常民《つねたみ》を博覧会御用掛に任じた他（七三年よりウィーン領事）、明治五年三月には、文部省博物局管轄で、日本初の博覧会を湯島聖堂で開催した。また一方で、優れた職人ともコンタクトをとって輸出向けの工芸品製作育成にも乗り出し、同年一一月には、東京で万博出品物の展示会が開催された。そのとき公開された高さ三・六メートルの大提灯は、『ファー・イースト』誌の七三年一月四日号に掲載された。

このときの様子を記した『墺国博覧会筆記』（一八七三年六月、博覧会事務局刊）を見ると、「一、自然産物と工芸品を世界に表す。二、各国出品物の製作を学び、機械操作を伝習してくる。三、国内に博物館を作り、博覧会を催す。四、物産の質を高め輸出に供する。五、各国必用の物を知り、元価売価の情報を得て貿易に応用する（以上、要約）」とあり、その目的がわかる。

日本の出品は、稲など穀類、海藻、植物、竹・籐製品、魚・鳥標本、熊皮など加工皮、鯨の製品、象牙製品、鼈《べっ》甲、繭、生糸、西陣織、和紙、扇、漆芸品、磁器、七宝焼、金銀細工品、象嵌品、ブロンズ製品、彫刻作品、絵画と素描（古美術を含む）、油彩画、錦絵版画と多種多彩で、大型のものとしては、一八五センチメートルの大花瓶、直径二・四メートルの大太鼓、前述の大提灯、鎌倉大仏の模型（頭部のみ）、天王寺（東京谷中）の五重塔の模型、銅に金銀鍍金された名古屋城の二尾の鯱《しゃちほこ》と、アピール度は十分だった。

我が国の全点展示はやや遅れたものの、ウィーン万博は一八七三年五月一日から一一月二日まで開かれ、日本会場では陶器、漆器、おもちゃ等が売られた。殊に扇子・団扇は大評判となり、一週間で数千本が買われたときもあったという。

万博終了後、展示品の多くは売り捌かれ、欧州各地に日本製品が行き渡って、日本の美術工芸の姿が具体的に紹介されていった。

この体験をもとに、翌一八七四年に政府の援助で日本製品の輸出を目的とした起立工商会社が設立され、社長には松尾儀助、副社長には若井兼三郎が就任し、九一年まで営業が続けられた。

なお、この一八七四年に第一回印象派展がパリ、ナダールのスタジオで開かれ、モネの「印象・日の出」、アストリュクの水彩画「日本の人形」の他、ピサロ、ドガ、ルノアール、セザンヌ、シスレーの作品などが展示された。

また、同一八七四年には仏人骨董商シシェルが来日して、六七年より滞在していた友人とともに長崎、東京、大阪を回り、約五〇〇〇点の物品と多数の版画・絵本を買い付けて本国に送った。その量は四五〇ケースにも上った。

続いて一八七六年には、フィラデルフィア万博が開かれ、日本の多くの会社が参加した展示出品は、カリフォルニアから貨車五〇台を連ねるほどの大規模なものとなった。名古屋七宝会社の七宝製品、起立工商会社の古美術と茶道具の他、河鍋《かわなべ》暁斎《きょうさい》、柴田是眞《ぜしん》、渡辺省亭《せいてい》など一九人の日本画も展示された。これらの展示品もまた終了後に、多くの美術館、博物館、コレクターが購求した。

一八七八年のパリ万博では、日本はさらに大規模な出展をして大好評を得たが、当時の案内書のひとつに、

……あの紋章をいただく巨大な門を。そこには『ジャポン』というフランス語が記されている。この独創的な正面玄関が、この博覧会の外国部門における大成功を博したひとつの展示場への入口となっている。精巧な彫刻、漆器、ブロンズ、陶器、布地、刺繡。すべてが、かくも天賦の才能に恵まれた民族の手になる製作のなかで、丹精されたものなのである

との評が載せられている。このシャン・ド・マルス公園の日本館の他、広大なトロカデロ会場には、日本の農家（民家）が再現され、内部に家具調度品、工芸品が並

べられた。E・ゴンクールも、「……田舎家にもこれだけの趣味と装飾芸術とが溢れているのだ」と絶賛したが、ここに通訳兼会場係として若き林《はやし》忠正《ただまさ》がいた。
一九世紀半ば以降、ジャポニスムが欧米において醸成されたのは、主として各万博において日本美術・工芸品が展示されたことによるが、芸術家、コレクター、美術研究家による喧伝も大きいものがあった。また、流通を担った林忠正なくしてその最盛期を迎えることはできなかったであろう。

林忠正（一八五三〜一九〇六）は越中高岡の出身。祖父に蘭方医浩斎《こうさい》を持つ長崎家に生まれ、一八七〇年（明治三）に従兄弟の富山藩大参事林《はやし》太仲《たちゅう》の養嗣子となり、七一年から藩費留学生として大学南校に学んだ。東京大学となった翌年の七八年（明治一一）二月、卒業を目前にしながら中退して若井兼三郎と伴って渡仏してしまった。林は、約束された官吏の仕事より、大学で学んだ理学やフランス語を生かして彼の地で工学のような新しい科学技術を身に付け、独自の道を歩むことを選んだ。この機会しかないという決断だったのだろう。すぐにフランスに行けるという理由で、パリ万博日本会場で起立工商会社が求めていた臨時の通訳兼会場係に応じた。

博覧会が終わると林は、一八七九〜八〇年の佐和正少警視ら要人の欧州視察に通訳、出納官として随行し、ベルギー、オランダ、ドイツ、ロシア、オーストリアなどを回った。このときの記録として、佐和の『航西日乗』、林の『欧州雑記』が残っているが、林はその著書の中で美術や建築に強い関心を示し、国や民族による表現様式の違いに注目して、西洋美術の写実表現を我が国に導入すべきと主張するなど、鋭い分析をしている。その後林は、自活しながら工学を学ぼうとするがうまくいかず、八一年、若井の懇請を受けて起立工商会社のパリ支店に入社した。しかし、翌年には若井とともに退社し、三井物産パリ支店に転職したものの、同社がパリ支店を閉じることになったので、八四年に若井とともに共同事業を起こして三井物産の残品整理などに当たっていた。八六年には、若井と共同の店を持ち、九〇年に至ってようやく林商会として独立し、日本古美術売買の店を当地に開いた。

その間、林はフランス人日本美術研究家を助け、資料の解読、落款の判読などに従事していた。一九世紀後半までの絵画、建築、彫刻、金工、漆工、染織、陶芸、版画各分野を体系的にまとめた初の研究書である『ガゼット・デ・ボザール』の主幹で美術評論家のルイ・ゴンスが著した『日本美術』は、林の助力を受けて一八八三年にパリで刊行され、大きな反響を呼んだ。この本に挿入されたカラー石版図や一〇〇〇点を超える挿絵・図版は、ゴンス自身の他、ビング、ゴンクール、ビュルティらの蒐集品が使われている。このとき、林はゴンスから感謝の印としてポール・ルヌアールのデッサンを贈られた。

『パリ・イリュストレ』一八八六年五月の日本特集号では、林は日本文化の概要を求められ、仏文記事を提供した。ちょうどこのとき、パリに出てきて印象派の影響を受けていたゴッホは、この日本特集号の表紙に使われた渓斎英泉《けいさいえいせん》画「雲龍打掛の花魁《おいらん》」を油絵で模写している。

早くから日本美術に着目し、一八八〇年に来日して仏像・仏具・絵巻物など多くの日本美術工芸品を買い付けてパリの店に送っていたサミュエル・ビング（ドイツ名はジークフリート・ビングで、パリに移住後、改名した）は、八八年に自店での浮世絵展覧会を開催した。同時に、ビング自身を含めた当代の日本美術研究家たち、ゴンクール、ゴンス、デュレ、ビュルティ、ロジェ・マルクスらの執筆で三六編からなる『芸術の日本』を月刊形式で八八年五月から九一年四月まで刊行した。後にこれを合本した三冊本も刊出されたが、この著作は一九世紀における日本美術研究の一大成果と言われている。

このころ、ゴッホは弟テオ宛の手紙に「ビングの店の屋根裏には、一〇万点ほどの風景や人物の浮世絵、古い版画がどっさりある」と記している。ゴッホは、ビングから借りてきた浮世絵をクリシー通りのキャバレーの壁一面に貼って展覧会をして、女主人セガトリをその前に立たせ、「タンブーランの女」を描いた。

一九世紀後期、当時、フランス屈指の美術評論家であったエルネスト・シェノーは、

ビング編『芸術の日本』合本の表紙

ステヴァンスは色調の類まれな繊細さを、ティソは構図の大胆さと奇抜さを、ホイッスラーは彩色の妙なるこまやかさを、マネは……墨跡の奔放さと興趣つきぬ形態の妙味を、モネは全体の印象を優先して細部を簡潔に削除する術を、アストリュクは水彩における前景の巧妙な即興性を、ドガは……群像の写実性と幻想の照明処理の独創的な効果を、ミケッティはモノクロームの地の上に女性像の輪郭を優美に浮かび上がらせる術を、……

と、日本美術の要素・特徴につながるような内容で解説しているように、欧州の画家に与えた日本美術の影響は、計り知れないものがあった。

万博における官民挙げての欧米への日本美術紹介は、書画、彫刻、工芸品、陶器などが中心で、絵本、画帖、肉筆浮世絵は含まれていたものの、一枚刷りの浮世絵版画には重きが置かれなかった。林忠正ですら、その活動の初期のころは、浮世絵版画をあまり扱っていない。

一八七九、八〇年（明治一二、一三）ごろ、「ジャパン・メイル」の編集長F・ブリンクリーが銀座の夜店で師宣《もろのぶ》、鳥居清長《とりいきよなが》や歌麿の版画を、一枚一銭でも高いのに一〇銭も払って店の主人を驚かせた、という記録もあるが、下谷、浅草、神田あたりの立場（屑問屋）には、千住の紙漉場に運ばれる運命の、初代豊国《とよくに》、歌麿、鈴木春信《はるのぶ》などの浮世絵がたくさん挟まった紙屑の束がごろごろしていたという。

一八八二、八三年ごろから浮世絵版画（以下浮世絵とする）がパリで少しずつ評判となり、八四年にはパリの若井・林の共同商会による浮世絵の輸出が始まった。それでも国内では、一枚五銭、一〇銭止まりだったが、八七年になると、ようやく写楽に一円、二円の値がつき、九〇年（明治二三）の国民新聞には、「北斎、歌麿の錦絵を五十銭、一円にても欲しがる世なれば……」という記事が載るほどまでになった。

裕福な絹物商人の家に生まれたビュルティは、「ジャポニスム」（一八七二年の論文の題）の命名者であり、日本美術の大蒐集家でもあったが、亡くなった翌年の九一年にそのコレクションは競売に付された。フランス人の一か月の生活費が一〇〇

〜二〇〇フランのころ、歌麿の三枚続き「鮑取り」（海女）が一〇五〇フランにもなった。この売り立てから一気に浮世絵の値段が高騰していった。

ジャポニスムの旗手ビングは、一八九三年にデュラン・リュエル画廊で「歌麿・広重展」を、九七年には「アール・ヌーヴォー」の名の発祥となったビングの二番目の店「メゾン・ドゥ・ラール・ヌーヴォー・ドゥ・ビング」（九五年開店）で「北斎展」を、一九〇三年には「広重・北斎・国芳展」を開き、浮世絵ブームを不動のものとしていった。

一八九〇年から一九〇一年にかけての林の浮世絵の輸出は、フランス船の積荷二一八便に及び、浮世絵一五万六〇〇〇余枚、絵本類九七〇〇余冊、屏風掛軸（肉筆浮世絵）八〇〇余点、他巻子、下絵等という記録が残っている。

林は日本での浮世絵集めを、一時パリの林の店で働いていて、帰国後浅草で浮世絵商を営んでいた小林文七に託した。一八九二年に小林は上野松源楼で国内初の浮世絵展覧会を催しているが、その目録の序文に、「……遍くその巧妙を世人に知らしめんと欲す。予は十年来専ら浮世絵をひさぎ、その鑑識に精なる者なり。……」

と述べ、浮世絵に対する日本人の関心を喚起するよう促している。日本美術を世界に紹介したフェノロサでさえ、浮世絵の芸術性を認識したのは一八九八年のことであった。

林には、浮世絵ばかりでなく日本美術全般を欧米人に理解してもらうことにより、日本の評価を高めたいという壮大な想いがあった。そうであるがゆえに学問的に美術の研究を行い、商品とともにその知識をも提供する、というスタイルを採ったのだった。

一九世紀最後の一九〇〇年に大々的に行われたパリ万博では、西園寺公望、伊藤博文らから推され、異例とも思える民間からの抜擢で、林は事務官長に就任（一八九八年）した。就任以後は自分の仕事を弟の萩原正倫《はぎわらまさとも》（一九〇二年没）に任せて、万博の仕事に没頭した。

万博の日本古美術館では、宮内省、帝室博物館、古社寺、華族、名家の協力を得て、聖徳太子画像、鳥獣戯画巻、扇面古写経、北野天神縁起など総数約一〇〇〇点、御物、国宝を多数含む国を挙げての大出展となった。

林忠正は、大量の日本美術・工芸品を海外に流出させたとの批判も一部にあるが、西洋人が日本美術に直接触れるきっかけを作り、結果的に評価されたという利点の方が勝る。今日のクールジャパンを広めた先駆けであったと言える。また林は、日本に西洋美術館を作る構想を持っていて、西洋美術品を収集していたという。

日本古典籍の世界的位置付け

多くの残存文化財のうち、自国の文字として記されたり絵画として描かれたものは、その国の人の意識や思想、歴史叙述が記録されていることから、文化財の中心と言っても過言ではないだろう。

世界の典籍（書写媒体に文字や絵画が書かれたり、描かれたもの）を見渡してみよう。大英図書館所蔵で残存のものでは、エジプトの紀元前二五〇〇年ころのパピルス文書が最も古いであろう。また死海文書は、ヘブライ語で記された旧約聖書で、紀元前二五〇～紀元七〇年ころのものとされる。ギリシャ文字のコーデクスは四世紀のものである。バチカン図書館には、四世紀のギリシャ語聖書を始めとした古いものがある。また、フランス国立図書館には、五世紀の聖歌書、八世紀の祈禱書などが保存されている。七世紀末から八世紀初めにかけて書写された大英図書館蔵『リンディスファーン・ゴスペルズ』や、ダブリン大学トリニティー・カレッジ旧図書館展示の八世紀『ケルズの書』は、世界の至宝とも言うべきものである。

しかし、これらは極めて特殊な例で、それらの時代の典籍は限られた数しか残っていないし、すでに公的な機関で保管されていて、同種のものが市中に出回ることはまったくない。

メソポタミア、中国、インドの文明は古く、金石に刻まれたものは残存するが、戦乱や焚書《ふんしょ》などで書写されたものはほとんど残っていない。敦煌莫高窟《とんこうばっこうくつ》に文書、経典がまとまって保存されていたが、その多くがスタインやペリオの探検隊によりイギリスやフランスに渡ってしまった。

西洋写本で入手可能なものとしては、聖書や聖歌集あるいは時禱書などで、一三世紀ころのものが残っているが、巷間に出るものはほとんど断片の零葉である。一冊ものとして市場に出てくるものでは、一五世紀ころからのものである。しかし、それらはかなり高額なもので、一冊数千万円にはなろうから、手軽に入手できるものではない。

一方、我が国の典籍の場合、古いものでは飛鳥時代、七世紀初めの聖徳太子筆とされる『法華義疏《ほっけぎしょ》』があるが、年紀のはっきりしているもので最も古いのは、白鳳時代の天武一五年（六八六）の『金剛場陀羅尼経』。奈良時代に入ってからは経典類が多く書写されたが、和銅五年（七一二）、神亀五年（七二八）の長屋王願経『大般若経』はその中でも古いものである。以下、天平、天平感宝、天平勝宝、天平宝字、天平神護、神護景雲、宝亀まで西暦にすれば七二九〜七八〇年の間は、ほぼ毎年のように一切経や大般若経他の膨大な巻数の写経が行われたので、かなりの数が失われたとはいえ、まだ相当量の古写経が残っている。

八世紀の古写経が、このようにその地に多く残存しているのは、世界の中で日本しか見当たらない。写経の絶頂期の天平一二年「藤原夫人願経」、「光明皇后五月一日経」、同一五年「光明皇后五月十一日経」の謹直な書体の美は、緊張感と研ぎ澄まされた写経生の筆致で、その精神性において現代では再現できない畏怖を感じる。

伝聖武天皇筆とされる『賢愚経《けんぐ》』いわゆる「大聖武」は、一行一二〜一三字（通常一行一七字）で、堂々たる大字の書写である。料紙も真弓紙（檀紙）でその樹脂成分が粒となって風合いを醸し出し、また、胡粉《ごふん》が表面に塗られて美しく、墨の発色が鮮やかとなっている。これも天平勝宝から天平宝字にかけてのものだ。

「大聖武」も装飾経と言ってよいであろうが、天平一三年に聖武天皇が詔を発し、全国に国分寺、国分尼寺を建立することになり、各塔に納経するために『金光明最勝王経』を書写させた。これは赤紫の料紙に金字という、世界に誇れる「紫紙金字経」となって残存している。

江戸時代、東大寺二月堂のお水取りの松明でお堂が全焼した際、災難に遭い、一部が焼け焦げたいわゆる「二月堂焼経」と呼ばれた『華厳経』は、奈良時代の紺紙銀字経である。

平安時代（八世紀末〜一二世紀末）の装飾経は、世界の至宝ともいうべき嚴島神社の「平家納経」を頂点として、奥州藤原氏の紺紙金銀字交書「中尊寺経」など和様の書体に合った荘厳華麗さがある。

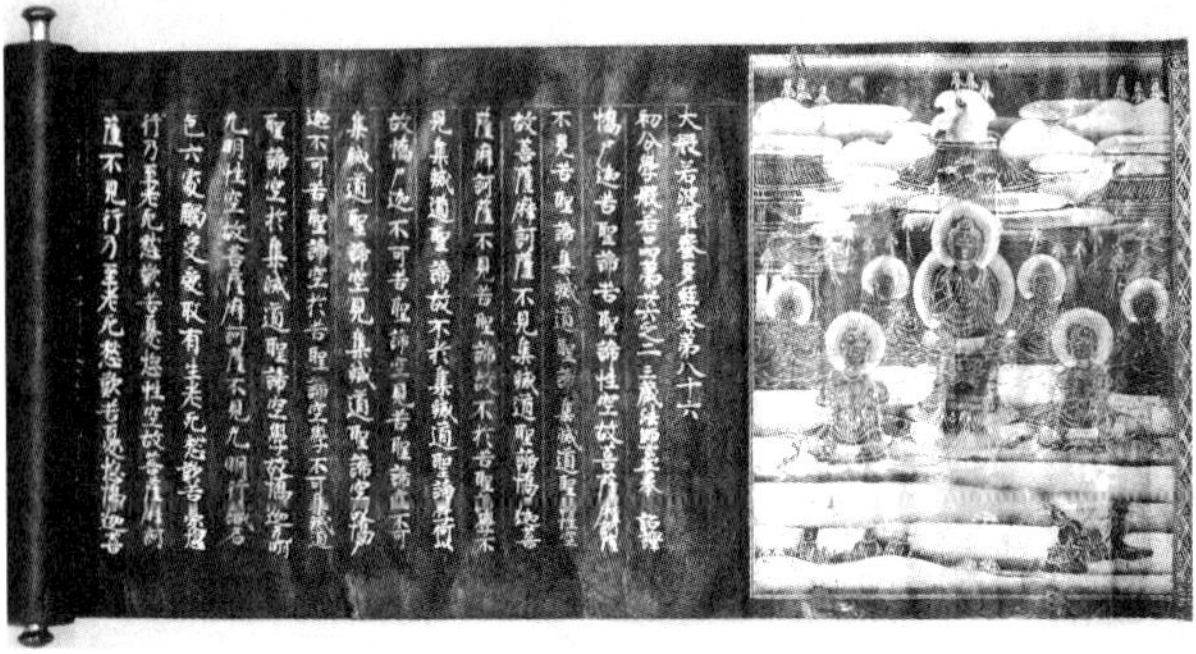

藤原清衡願経、中尊寺紺紙金銀字交書経

経典以外の書物も我が国は豊かであった。古くは、『古事記』、『日本書紀』、『万葉集』があるが、平安時代、和様文化の中から仮名文字が発明されて、物語や和歌が多く創作された。『古今和歌集』を始めとする勅撰集や私家集が多く編まれ、『竹取物語』、『伊勢物語』、『源氏物語』など文学書の、平安期から室町期（〜一六世紀後半）に至るまでの古写本が多く残っている。

木版刷りのものを見ると、奈良時代の神護景雲四年（七七〇）の「百万塔陀羅尼」が、年紀のはっきりした世界最古の印刷物として残存している。これは文字通り百万作られ、当時、十大寺に納められたが、今は法隆寺伝来のものしか残っていない。明治時代に寺の維持費確保のために、寄付者

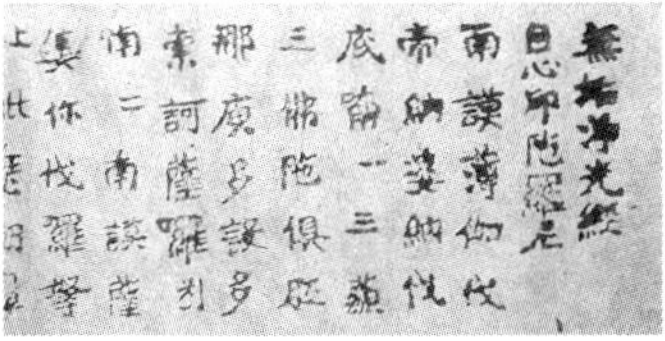

百万塔「自心印陀羅尼」（部分）

奈良時代の百万塔

に配られたが、それが今日市中に出回っている。グーテンベルクの『四十二行聖書』を遡ること六八〇余年。そんな古さのものが望めば手に入る国はどこにもない。

その後の木版刷り本は、平安時代末から鎌倉時代にかけての経典、南北朝から室町時代にかけては、中国詩文、禅籍、論語などの翻刻、室町末から江戸時代前期（〜一七世紀前期）にかけては、医書、謡曲、舞の本、戦記物、物語、詩歌とバラエティーに富む版本が刊行された。また、朝鮮の活字やきりしたん版の活字に影響を受けて、木活字や鋳造活字も製作され、いわゆる古活字版も刊出された。

弘文荘の反町茂雄さんは、著書『日本の古典籍

──その面白さその尊さ』(一九八四年刊)の中で、

日本の古典籍の世界的な地位は相当に高い。これが、私の十七、八年の外遊見学の結論である。ところが、この事実は不思議なほど一般にも、又学界に於ても認識されて居ない。私たちは我々の固有の文化の誇りの一つとして、古典籍の質及び量の優秀性を高唱したいと思う

と記している。

では、なぜ日本ではそのようなことになっているかというと、欧米では、博物館、美術館、図書館の役割が伝統的にきちんと分かれている。大英図書館、フランス国立図書館などの国立図書館を始めとして、オックスフォード大学のボドレイアン図書館などは、その役割として基本図書の閲覧はもちろん、専門書、古典籍の閲覧にも応じ、貴重書の収集・保管・研究にも予算を投じ、展示室では、その国の誇りとする歴史的な典籍や、世界の貴重書を展観していることが多い。大学図書館といえ

ども専門のキュレーターがいて、質問に応じたり、求める資料を出してくれたりするシステムが確立している。

ところが、我が国の国立博物館と国立国会図書館を例にとった場合、鎌倉時代以前の貴重古典籍や絵巻類、古筆切《こひつぎれ》などは、本来、国立図書館が管理、展観すべきだがそのほとんどが国立博物館の所管となっている。

また、大学図書館の常設展示室はほとんどなく、司書が専門職として長期にわたって専任になることは極めて稀である。

この二点の違いは、欧米が図書館やキュレーターの重要性を、伝統的に長期にわたって培ってきたことによるものといえるだろう。

欧米では、一七世紀ごろより本格的な図書館があり、国なり大学の貴重な典籍を所蔵し、また、寄贈を受け入れて、保管、閲覧に供してきた。

一方の我が国では、江戸時代以前、幕府にも書庫があり書物奉行までいたが、あくまでも役人の用に資するもので、一般に開放しているわけではなかった。また、寺社にも貴重書が所蔵されていたが、これも基本的に非公開のものであった。

明治になってから初めて一般に開放する博物館、図書館ができたが、美術品、古物、絵巻物、書画類などは博物館の管轄という慣わしができていった。図書館はあくまでも基本図書の閲覧に徹するものという風土になっていった。

重ねて言うが本来、奈良朝以来の経典類、平安以来の和歌集、物語典籍、絵巻物などは国立図書館が所蔵、管理、展示すべきものなのに、これらのほとんどは国立博物館に所蔵されている。

また、大学図書館でも貴重書の保有数は少なく、したがって、専門キュレーターの存在は皆無に近い。図書館員は通常の大学職員と同じように、定期的な職場の配置転換がある職種である。

つまり、日本では、国でも大学でも図書館というものに対するインターナショナル・スタンダードな認識が欠如していると言わざるを得ない。

古美術や美術品など、鑑賞できるものがあまりにも重要視され過ぎて、地味で難解な典籍類や古文書の研究、解説、展示がすこぶる少ない。鑑賞、閲覧する人の手助けをするキュレーターなりコーディネーターが多く育ち、それを受け入れる機関も増えてほしい。

数少ない例として、中山正善二代真柱の指導のもと、戦前から一貫してそのような思想で機能しているのは天理図書館だろうか。また、東洋文庫ミュージアム、静嘉堂文庫美術館、大東急記念文庫なども機能しているが、人員や予算が乏しいのは否めない。

国の中央図書館である国立国会図書館で、それらの典籍の収集・保管・研究・管理・補修などを行い、広い常設展示室で、我が国の至宝を展観すべきことを、声を大にして言いたい。

そうすることにより、広く国民は自身の国の典籍の重要性、美術性を知り、また、海外の人たちにも日本の典籍の奥深さを認識してもらうことができるのである。「日本の古典籍の世界的な地位は相当に高い。……この事実は不思議なほど一般にも、又学界に於ても認識されて居ない」という前掲の反町さんの言葉を解消するにはこのようなことを実行することが近道であろう。

クールジャパンで海外への日本文化発信とともに、自国民に対する日本文化理解の場が多くできることを、文化官僚や政治家に期待したい。

日本古典籍の大コレクターたち

日本文化の至宝、鎌倉時代の佐竹本「三十六歌仙絵巻」が大正八年に分断されたが、昨今また注目され、三七点のうち三一点が令和元年、京都国立博物館に集められて展観された。

分断に至る詳細は省くが、当時の購入者は実業界の錚々たる人物ばかりであった。発起人である益田孝（三井物産社長）を筆頭に、岩原謙三《いわはらけんぞう》（芝浦製作所社長）、馬越《まこし》恭平《きょうへい》（大日本麦酒社長）、野崎廣太《のざきこうた》（中外商業新報社長）、染谷寛治《そめやかんじ》（鐘淵紡績重役）、團琢磨《だんたくま》（三井合名会社理事長、孫に團伊玖磨《いくま》）、藤田徳次郎（藤田組創業者伝三郎の次男、のち藤田美術館）、藤田彦三郎（同三男、藤田組）、益田英作（益田孝の弟）、原富太郎（三渓《さんけい》、生糸貿易商）、有賀長文《あるがながふみ》（三井合名会社理事）、藤原銀次郎（王子製紙社長）、小倉常吉《つねきち》（小倉石油社長）、野村徳七《とくしち》（野村財閥創始者）、益田信世《のぶよ》（益田孝の子）、嶋徳蔵（大阪株式取引所理事長）、住友吉左衛門（一五代、住友銀行創始者）、高橋義雄（三越呉服店理事）、高松定一《さだいち》（三代、名古屋商工会議所会頭）、嘉納治兵衛（七代、白鶴醸造、のち白鶴美術館）、鈴木馬左也《まさや》（住友総理事）、元の所有者である山本唯三《ただざぶ》郎《ろう》（松昌洋行社長）など。

現在は、その多くが公共博物館・美術館に所蔵され、ほとんどが重要文化財に指定されている。

今の価格にして、一点数千万円から数億円とされるものだけに、分売会には益田孝から声がかかった人たちが集まった。当時の第一の社交は茶の湯である。これらの最高の書画を床の間に掛け、茶会を催すのがステイタスであった。

掛け軸となった書画は古美術であるが、元は絵巻物。冊子、帖、巻物の形態のものは本来「本」である。平安・鎌倉時代の和歌集の断簡や高貴な人の消息（書状）を掛け軸にしたものも好まれるが、日本では早くから、このように冊子や巻子（巻物のこと）を分断して掛け軸で鑑賞することがあった。また、古筆の鑑賞、手本、鑑定に用いるためにやはり分断して手鑑とすることもあった。

茶の湯の数寄者が掛け軸だけでなく、本の形で所有することもあったが、その愛

岩崎久彌創設、東洋文庫ミュージアムの内部書棚

蔵の目的は国文学者などに委託して研究の用に資することであり、また、日本文化の粋が散逸しないようにという心がけでもあった。

美術品と違って、古典籍は内容的な解釈が難しく、鑑賞の対象になりにくい、高価なものであったので、個人コレクターは限られていた。益田孝、岩崎彌之助（彌太郎の弟）、和田維四郎、岩崎久彌（彌太郎の長男）、久原房之助、小林一三、安田善次郎（二代）、五島慶太、小汀利得、中山正善真柱らであった。

岩崎彌之助・小彌太（彌之助の長男）の東洋古美術・古典籍コレクションは、現・静嘉堂文庫美術館となり、岩崎久彌の蒐集品は、現・東洋文庫ミュージアムとなった。東洋文庫は、東洋関係の洋書・漢籍の一大コレクションであったモリソン文庫購入から始まったが、和漢書のコレクションもこれに加わった。五島慶太の古典籍は、久原文庫が基となっており、現在は大東急記念文庫として五島美術館と併設されている。

明治末から大正期にかけて、農商務省鉱山局長や東京大学理学部教授でもあった和田維四郎は、それらを辞した晩年、鉱物学の著書や雑誌を発行するなど、日本鉱物学の中心的存在となっていた。その一方で、鉱物の分類にも関係するのか、古典籍の科学的分類を試み、この方面でも第一級の書誌学者となった。年上でもあり、書誌学的学識を有する和田を尊敬していた岩崎久彌と久原鉱業創始者の久原房之助(藤田伝三郎の甥)は、潤沢な資金を用意して和田に古典籍蒐集を託した。この時期、古典書誌学が未発達であったので、かなりの稀書・珍本が面白いように手に入っただろう。やがて二万点以上もの秀逸なコレクションが形成された。それが二分され、東洋文庫と大東急記念文庫に所蔵されて異彩を放っている。

阪急電鉄の創始者小林一三も美術品や古典籍を蒐集し、現在は逸翁《いつおう》美術館に所蔵されている。天理教二代真柱の中山正善は、昭和五年に天理図書館を新築して以来、和洋の学術書、古典籍を集め始めたが、戦前戦後を通じて第一の蒐集家であった。

誰でも手に入れられる日本の古典籍

これまで述べてきたことを大まかにまとめると、次のようなことから日本にはとにかく多くの文化遺産が残っている。

1　戦禍、災害はあったものの、他国から侵略されたことがない。
2　一部の内戦、戦乱はあったが、朝廷・公卿を中心とした文化が一貫していた。
3　神道と仏教は融合こそすれ、反目することなく、宗教的な戦乱が少なかった。
4　寺院は学問所でもあったので、多くの教本が出版された。
5　寺社は崇拝の対象だったので、所蔵された典籍・書画・屏風・障壁画などが、火災以外では無事に伝来した。
6　日本人は知的好奇心が旺盛で、中世以後は識字率も高かったので、読み物を好んだ。

などである。

例えば、江戸時代の文化遺産である錦絵、黄表紙、名所図会、江戸切絵図などは保存状態にもよるが、安価で手に入れることができる。

歴史に興味を持っている人は、まず自分の実家がある地域、あるいは今住んでいる地域の古地図に注目すると面白い。江戸時代の道は意外と現代でも同じ道がある。寺社の場所は変わらないので、それを基準にすると方角や距離感がわかる。切絵図などは彩色木版図なので、見ているだけでもきれいだろう。

錦絵も、北斎や歌麿の名品ばかりでなく、名所絵のようなもので保存状態が並であれば安い。江戸名所図会や各地の名所図会も揃いの場合は少し値が張るが、自分に興味がある地域の端本（例えば、全六巻のうちの一巻だけ）という場合ならば安い。これらはいずれも一万円前後で手に入るだろう。

どこで見つけるかというと、東京神田神保町の古本街や全国の古書・古本屋のうち、江戸時代のものなどを置いていそうなところ、あるいは古道具屋にも時折ある。また、デパートなどの展示即売会でも探せる。最近では、ヤフオク！にもずいぶん古いものが出品されている。

このような初級の段階から始め、もっと興味が出てきたら範囲を広げて物色する

嘉永元年（1848）刊『増補懐中食性』。本文に「にんじん 中を補ひ気を下し常に食して益あり」など、植物性、動物性食物の食性を書いた本で現代でも参考になる。このような和本でも5000円程度で入手できる

と、それに応えるかのように求めるものが目の前に出てくるものである。

手書きのものでは、江戸時代前期・中期ころの奈良絵本という、彩色が美しい絵の断簡（一冊本のうちの一枚）がある。これは二万〜三万円くらいで買える。

奈良絵本というのは、室町時代の御伽草子を題材とした上流子女向きの絵入り本のことである。巻一冊に四〜五枚の挿絵があるが、傷んだり、端本となったことから分解され、挿絵一枚として売られることがある。絵の題材は物語の場面であるが、平安時代を思わせる雅な衣装で子女が描かれている絵などは、額に入れれば十分鑑賞に堪え、知り合いの外国人にプレゼントすれば喜ばれること請け合いである。

もっと上級の段階になると、鎌倉時代、南北朝・室町時代の木版刷りのお経がある。これも一巻ではなく、五行くらいの断簡がずいぶん出回っている。世紀でいうと一三〜一六世紀。こんなに古い印刷物が多く残っている国は世界でも稀である。

鎌倉時代の春日版、これは奈良の興福寺を中心としたところで刷られたお経で、『大般若経』が中心。黄檗《きはだ》染めの楮紙、日本最高峰の手漉き紙で手触りもしっとりしている。また、肉太の楷書文字が漆黒の墨で刷られている。文字の大きさは現代社会に生きていると、大きめでも新聞文字程度だが、それの数倍はある堂々とした文字で書かれている。昔はこのような大きさの文字で本を読んでいた。

世界最古の活版印刷であるグーテンベルクの聖書が印刷されたのが一四五五年ころで、これが出てくると一〇億円は超える。日本の版経はそれより二〇〇年も古いのに、断簡とはいえわずか一万〜二万円程度。不思議である。

こういう自国の文化を多くの日本人は知らないし、いわんやほとんどの外国人も知らない。このようにひとつひとつのことを観察したり、感じたり、時空を超えたりしていると、小さなことに惑わされないで生きていける。

むすびに

私は、大学を卒業してからすぐに洋古書の雄松堂書店に入社して、古書業界に足を踏み入れた。五年後に独立して、一九七六年に安土堂書店を創業し現在に至る。

古書業界はニッチな世界である。巨大な産業や流通に比べれば、業界全体の売り上げや取扱い数は極小だ。それだけに大企業は売り上げや利益からしても魅力を感じないから、参入してこない。

インターネットの時代、古書業界もそれなりにその時流に乗り、売り上げを伸ばす方策はしている。実際古書業者が店舗なしで、業者市での売買はするものの、インターネットでの売り上げだけで営業している例はかなり多い。本のコードであるISBNが付いた本は、データがあらかじめあるので、インターネットにアップしやすいし、売りやすい。

しかし、この本で取り上げてきたような古典籍や歴史資料は、実物の内容をなかなか説明しにくいし、実物を見ないと解らないものもある。そのようなことから、これらのものは、古書販売目録に掲載して、お客さんが問い合わせをした後に店で実物を見るか、あるいは展覧会会場で実見して購入を決める方法が合っている。

古典籍や歴史資料を仕入れたり、調べたり、目録で発表する一連の行為は、職人の世界と同じである。経験や知識を積めば積むほど、その世界での強みが出てくる。

古書業界で扱う分野は、図書館での十進分類法ほどに広い。総記、人文科学、社会科学、自然科学と大まかなものの中に、国文学、近代文学、近代文献、書誌、美術・工芸・写真、サブカルチャー、浮世絵版画・新版画、古典籍、古地図、古文書、古書画、歴史資料などなど多岐にわたる。

それぞれの分野に精通した専門業者がいて、顧客としてコレクターや研究者、公共機関がいる。業者市で一〇〇〇点、二〇〇〇点の出品物が出てきても、競争はあるもののそれぞれの分野の古書業者が出品物を買い分けていくから不思議なものだ。

さて、このような古書業界で約半世紀を過ごしてきたが、企業活動でもあるので、正直言って経営的に厳しいときもあった。しかし、幸いなことに古書業は父の仕事の延長線上でもあったので、父の信用を受け継ぐこともできた。また、業界の重鎮であった弘文荘の反町茂雄さんからの指導を受けられたことも幸運であった。それに加え、顧客と業者の立場を超えて、大阪青山大学理事長であった塩川利員さんとお付き合いができたことも、珠玉のようなことであった。

この本は、月刊誌『日本古書通信』での二三年間の連載を基としたことは、「はじめに」で述べたが、私の現在の生き方は、古書の営業に五〇パーセント、調査・研究・執筆に五〇パーセントという時間配分である。もっと営業に専念しろ、という業界仲間の声もあったが、父の遺伝子を継いでいるせいか、この時間配分が心地いい。何より、手元のものを丹念に調べて、新たな事実が解ったときの快感は何物にも代えがたい。またそうすることによって、知識の蓄積ができ、目の前に出てきたものの相対的な価値や、評価するポイントが解るようになってきた。まあ、まもなく後期高齢者なので、これくらいの手前味噌は許してもらいたい。反町さんからは、多くのことを学んだが、ものの軽重を見極めるように言われてきた。古書業者は、数多いものの中からどれが重い価値があるのか、瞬時に判断する必要がある。

私の父は、丸善のサラリーマンながら退職後も嘱託で会社の仕事を続けていた。八〇歳で亡くなる病院のベッドの上で、絶筆となった『學鐙』の表紙解説の原稿を書き上げた。

我が師である反町茂雄さんも、没年九〇歳のとき福岡で行われた全国古書組合連合会の大市を応援するために多くの売買をするとともに、当地の業者の指導も行った。

要するにこの仕事、頭と体が達者ならば定年はない。作家や画家のように好きなことをいつまでも続けられることが魅力だ。私もこれら巨人の、仕事年齢だけは超えていきたいと願っている。

現今この業界、特に古典籍の分野に、二世三世が入ってきていることは頼もしい。また、まったく新たにこの古典籍の世界に足を踏み入れる若者もいて、競争は激しくなるものの内心は喜んでいる。また、もっと特筆すべきことが最近起こっている。

日本文化の伝統地京都から毎週毎週、新幹線代を払ってまで東京の業者市に来る若い業者が、四、五人いる。頭が下がる思いだ。そのような意欲的な業者が増えて、日本文化流通の一端を担う人々が絶えずに、古書業が未来にも確実に続いていくことを願うばかりである。

この企画が起こってから五年、本書構成の骨格を作ってくれたものの、まるで筆が進まない私を、辛抱強く待っていただいた平凡社新書の編集長金澤智之氏。学生時代に古典籍について学び、二〇二〇年、新たに編集として登場して、原稿提出後にこの本の担当となった進藤倫太郎氏。このような優秀なスタッフに恵まれたからこそ、本書が仕上がったと、感慨深く感謝をするばかりだ。

最後に、一歳年上で私の尊敬する博物学者・書物蒐集家の荒俣宏氏から、本書の推薦帯書き文をいただけたことは、望外の幸せである。

二〇二〇年一二月

著者

用語解説

（本書掲載の用語のうち、本文で解説することができなかったものに解説を付す。五十音順）

糸綴じ本　和本など、和紙木版刷り本文に表紙を付けて糸で綴じた本。

薄様雁皮紙　ジンチョウゲ科の雁皮から作られる和紙。光沢があり薄くても強靭な高級紙。

郢曲抄　平安後期から鎌倉時代にかけての歌謡、歌曲の解説書。郢曲には、神楽歌、催馬楽、風俗歌、朗詠、今様などがあるが、元は中国の歌曲の意。

絵本　肉筆あるいは木版刷りの絵入り本。室町期から江戸時代を通じて作成された。

黄麻紙　キハダで染めた麻紙。奈良時代、写経料紙に用いられた。

大本　和本の判型。美濃紙二つ折り、約27×18センチメートル。

春日版　奈良興福寺で開版、印刷し、春日大社に奉納された経典類。平安末期から江戸時代を通じて行われた。

唐絵目利　中国から輸入された書画や器物の鑑定と価値の評価を担当し、それらの写図作成も行った。広渡湖秀など長崎絵師として知られる人物もいた。

かわら版　世の中の災害や事件を速報した一枚刷りの情報紙。木版刷りだが他の製版方法もあった。江戸時代を通じて行われた。

稀覯書　内容が優れ、稀少性がある古い時代の本。

黄檗染め　ミカン科のキハダの内皮から取った黄色染料で和紙を染めること。防虫効果の意味もあった。

きりしたん版　16世紀末、少年遣欧使節が帰国の際に持ち込んだ西洋活版印刷機によって印刷されたイエズス会出版物。

金属活字版　金属の活字で印刷された本。桃山時代・江戸初期にもあったが幕末に長崎奉行所内や江戸開成所内でも印行された。

クォート大判　洋書の4to判。刷り本を四つ折りにした判型、約25×20センチメートル。

訓　漢文で訓読みするときに用いる読み。

絹本　料紙が絹で、絵画や書跡を筆書きし掛け軸などに表装される。

古活字版　豊臣秀吉の朝鮮出兵によりもたらされた活字、あるいはきりしたん版に影響されて作製された金属活字や木活字による印刷物。文禄から慶安にかけて官・民により出版された。

五山版　中国の禅論・詩・論語などを京都五山の寺で翻刻したもの。鎌倉〜室町時代にかけて出版された。

古筆切　奈良〜室町期の写経和歌、物語、書跡(書状など)を掛け軸や手鑑用に切断した断簡。

コロタイプ印刷　写真製版法の一種。濃淡に網目がない図版の高級美術印刷。

嵯峨本　京都嵯峨の豪商角倉家が、本阿弥光悦らの編集・書跡で出版した豪華本。『伊勢物語』や『徒然草』、謡曲本などがある。光悦本ともいう。

声点　漢文の声調やアクセントを示すために文字の四隅及びその中央に付けられた点。

宸翰　天皇、上皇直筆の消息(手紙)あるいは書跡のこと。

装潢師　書画掛け軸の表装、あるいは和本の装幀・補修を行う人、職人。

丹緑本　江戸前期に出版された御伽草子、仮名草子、古浄瑠璃などに丹・緑・黄・褐色を速筆で彩色した本。

電胎法(活字製法)　柘植(ツゲ)の木の駒に逆文字を彫り、蜜蠟で型を取って凸字を作り、それに銅メッキを施して凹字母型を作る法。母型に溶かした鉛合金を入れて活字を作る。

東寺版　京都東寺で開版、印刷された経典類。

謄写版刷り　ヤスリ盤の上に置いた蠟引き原紙に鉄筆で文字や

絵を描き、それを版として印刷したもの。俗にガリ版刷りともいう。

東大寺版　奈良東大寺で開版、印刷された経典類。

銅版　銅板の上に黒ニスなどを塗り、乾いてから針で文字や絵を描き、薬品で腐食させてその線の溝を深くし版とする印刷手法。凹版。

内典　仏教の経典。それ以外を外典という。

奈良絵本(絵巻)　室町後期から江戸前期の主に御伽草子を絵入り本とした子女向きの筆書き物語絵本。冊子本と巻子絵巻がある。

根来版　紀州の根来寺(大伝法院)で開版、印刷された経典類。

比丘・比丘尼　修行僧あるいは僧。女子修行僧あるいは尼僧。

幇間　宴席やお座敷で客と芸者を取り持ったり、芸を見せる男芸者。

反故紙　不用となった手紙や原稿、あるいは和本を崩したくず紙類。

梵本　インドの梵字で書かれた経典など。

真弓紙(檀紙)　奈良時代のマユミの靭皮繊維を原料とした写経料紙。室町期ころよりのしわのある檀紙(武将書状などに使われた)は楮を原料としているので、これとは違う。

木版　木の板に版下紙を貼り、小刀で文字や絵を彫り出し、版印刷する手法。

料紙　本や巻物に使われた紙のこと。楮・雁皮・三椏などの紙原料があり、漉き染めや雲母、彩色で模様を施した。

乎古止点　漢文の読みを示すために漢字の四隅・中央・外側に付けた符号。

【著者】
八木正自（やぎ まさじ）
1948年東京都生まれ。武蔵工業大学（現東京都市大学）工学部卒業。古書店主、比較文化研究家。東京都古書籍商業協同組合副理事長、全国古書籍商組合連合会専務理事、日本古書籍商協会（ABAJ）会長、大阪青山短期大学非常勤講師などを歴任。現在、有限会社安土堂書店代表取締役、実践女子大学文芸資料研究所客員研究員、日蘭協会会員。テレビ番組「開運！なんでも鑑定団」では鑑定士を務める。98年より月刊誌『日本古書通信』で「Bibliotheca Japonica」を連載。著書に『日蘭交流史――その人・物・情報』（共著、思文閣出版）などがある。

平凡社新書964

古典籍の世界を旅する
お宝発掘の目利きの力

発行日――2021年1月15日　初版第1刷

著者――八木正自
発行者――下中美都
発行所――株式会社平凡社
東京都千代田区神田神保町3-29　〒101-0051
電話　東京（03）3230-6580［編集］
東京（03）3230-6573［営業］
振替　00180-0-29639
印刷・製本―株式会社東京印書館
ＤＴＰ――株式会社平凡社地図出版
装幀――菊地信義

ISBN978-4-582-85964-5
NDC分類番号020.2　新書判（17.2cm）　総ページ232
平凡社ホームページ　https://www.heibonsha.co.jp/